万川
reflections

一步万里阔

希腊人如何建造城市

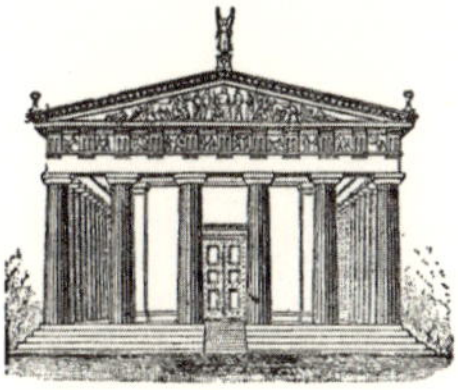

HOW THE GREEKS BUILT CITIES

[英] R.E.威彻利——著

刘磊 刘佳——译

中国工人出版社

前　言

本书是对希腊建筑的简短纵览，旨在定义古希腊城市的形式和其中某些元素所处的位置。由于其中一些元素的位置整体上取决于它们自身的形式，因此我将对一部分典型的希腊建筑类型的性质略加介绍，但不打算涵盖所有类型。另外，我希望能把建筑与希腊生活更紧密地联系起来。这使得一项短期工作成为一项雄心勃勃的大工程，其结果充其量不过是一系列更彻底、更详细的研究项目。由于近年来的困难条件以及研究材料不易得，在呈现研究结果时难免有许多疏漏之处。还有许多详尽的著作，例如W.A.麦克唐纳（W. A. McDonald）的《希腊人的集会地》（*Meeting-Places of the Greeks*）阐述了特定类型的希腊建筑；另外，还有一部关于希腊城市规划最新著作，对冯·格尔坎（von Gerkan）的经典作品进行了补充。我很乐意为从事这方面工作的学者提供进一步的资料。但我希望，即使是本书这样简短的论述，也能给我们提供看待希腊建筑的新方法，并再次提出这样一个问题：在当今时代，希腊建筑是否具有超越一般历史或审美趣味的意义？

希腊建筑的最大荣耀是神庙。希腊人把他们艺术天赋的最好成果，以及有限资金和资源中的很大一部分献给了神。神庙以及在神庙中得到完美展现的多立克柱式和爱奥尼克柱式，其发展历程在希腊建筑史上占据了首要位置。不同柱式的和谐和完善与最好的雕塑具有同等的美学价值。然而，尽管这种美仍能鼓舞人心，但它似乎有点遥远。若是首先论及城市结构和规划问题，可能会有助于把希腊建筑与我们的思维方式更密切地联系在一起（而对城市结构和规划的讨论往往被推到最后一章）。

在今天，城市规划和城市建设是人们特别感兴趣的事情。就像波斯战争后的雅典和米利都一样，新的城市正在被设计，伟大的古城正在废墟中以新的形式缓慢而艰难地崛起。在这种情况下，希腊人作为伟大的城市建设者，他们的经历重新引起了人们的兴趣。人们会发现，在某些方面，现代城市规划的原则类似于希腊人的方法。在其鼎盛时期，希腊城市是一个紧凑的社区，能够维持高强度的政治和文化生活，而没有过于庞大，由大量自由公民组成，并为他们服务。它的外观、建筑形式准确地反映了其内在本质。当然，今天的情况和问题大不相同，虽然不是完全不同，但是我们将在几乎所有方面看到明显的对比。不过，一般特性的密切联系比特定方面的类同更加深入，正如古希腊文学有一种新的意义，这种意义无法用柏拉图（Plato）或修昔底德（Thucydides）的某一句话来说明——无论他们说得多么“切题”。最好让事实自己说话。但也许有人会说，最根本的联系在于此——城邦的建筑源于其公民的需要、生活方式、传统和思想，并在各个方面都遵循这些，而不追求人造和奢侈。要践行克制和节约。

本书将聚焦公元前 6 世纪至前 4 世纪的希腊城市，当时它在政治和文化上处于发展的最高水平。虽然不必深入研究起源和早期历史的问题，也不必系统地研究后来的“希腊化”时期，但是，我仍要不时对这两方面进行回顾与展望。早在公元前 1000 年，希腊建筑便开始萌芽，但是之前米诺斯时代的文化并没有完全消失。另外，希波达玛式的城市规划直到希腊化时代才结出硕果；公元前 5 世纪，一些典型的希腊建筑类型并不成熟——事实上，只有神庙得到了充分的发展——需要在接下来几个世纪里追寻他们的历史，以找到一个合适的终点。独特的希腊化发展超出了本书的叙述范围。

“希腊的”（Hellenic）、“希腊化的”（Hellenistic），这样的术语十分传统，在使用前需要对其进行定义。公元第一个千年的最初几个世纪，更古老的文明（米诺斯）不断融合来自北方浪潮的新元素，逐渐形成了古希腊文明。本书认为，随着最后一种重要元素加入，整个复合体变得比较稳定，此时使用“希腊的”进行指代最为合适。公元前 4 世纪后半叶，马其顿征服希腊后，希腊城市虽然也融入了一些新元素，但是其核心特征丢失了，一些古希腊艺术和建筑的上乘品质也消失了。在接下来几个世纪发现的经过改良的希腊文化可以被界定为“希腊化的”，但其所适用的时期下限并不清楚。从公元前 1 世纪开始，罗马政权在地中海东部取代希腊君主，一般认为这是希腊的“罗马”时代。

感谢威尔士大学新闻委员会，为插图的材料费用提供了非常慷慨的赠款。琼斯（T. E. Jones）先生和班戈市的托马斯（Thomas）先生按照我的指示重新绘制了六幅平面图；还要感谢许多授权我使用素材的作者和出版商。我已尽最大努力与有关各方取得联系，但有时很难实现。在这种情况下，我仍然收录了相关材料，若将其遗漏将是严重的损失。感谢这些版权方，如果有机会，我希望能够进行补偿。在这个过程中，让我感到略略心安的是，各国学者和出版人给予了一如既往的慷慨和帮助，并不比战前少。特别是对古希腊城市建设研究有突出贡献的冯 · 格尔坎先生，他说：“我认为，用于科学著作的出版材料应该免费。”

霍默 ·A. 汤普森（Homer A. Thompson）教授给我寄来了雅典广场的最新信息，以及当时尚未发表的新模型的平面图和照片。克里申（F. Krischen）教授授权我免费使用他绘制的希腊城市重建图纸。施莱夫（H. Schleif）博士毫无保留地允许我将他精心制作的模型照片用于其他用途；这一次再联系，邮件却被退回并标记为“查无此人”。

最后，要感谢以下各位在各个阶段的工作中所给出的建议和鼓励：布朗（R. A. Browne）博士，科丁利（R. A. Cordingley）教授，戴维森（J. A. Davison）先生，冯·格尔坎博士，皮卡德剑桥（A. W. Pickard-Cambridge）教授，罗伯森（D. S. Robertson）教授，塞尔特曼（C. T. Seltman）先生，特里奇（F. J. Tritsch）博士以及韦伯斯特（T. B. L. Webster）教授。还要感谢我的妻子在校对和索引方面的帮助。感谢麦克米伦出版社的各位先生们，特别是考德尔（H. Cowdell）先生，感谢他们对这部作品的精心制作。

值此剑桥大学王后学院成立 500 周年之际，将此书献给过去和现在的校友，特别献给库克（A. B. Cook）。

R. E. 威彻利

北威尔士大学学院

目　录

缩　写

AJ.A.	*American Journal of Archaeology.*
Ath. Mit.	*Mitteilungen des deutschen archäologischen Instituts, Athenische Abteilung.*
B.C.H.	*Bulletin de Correspondance Hellénique.*
Délos	T. Homolle, etc., *Exploration archéologique de Délos.*
Fabricius	Article on Greek Town-planning by E. Fabricius in Pauly-Wissowa, II. Reihe, Halbb. 6, pp. 1982 ff.
von Gerkan	A. von Gerkan, *Griechische Stadteanlagen* (Berlin and Leipzig, 1924) .
Jahrbuch	*Jahrbuch des deutschen archäologischen Instituts.*
J.H.S.	*Journal of Hellenic Studies.*
Judeich	W. Judeich, *Topographic von Athen* (2nd edn., Munich, 1931) .

Krischen	F. Krischen, *Die griechische Stadt, Wiederherstellungen*（Berlin, 1938）.
McDonald	W. A. McDonald, *The Political Meeting-places of the Greeks*（Baltimore, 1943）.
Milet	T. Wiegand, etc., *Milet*; *Die Ergebnisse der Ausgrabungen und Untersuchungen.*
Ö.J.	*Jahreshefte des österreichischen archäologischen Instituts in Wien.*
Olynthus	D. M. Robinson, etc., *Excavations at Olynthus.*
Pauly-Wissowa	Pauly-Wissowa, *Real-Encyclopädie der classischen Altertumswissenschaft.*
Travlos	J. Travlos, *Poleodomike Exelixis ton Athenon*（Athens, 1960）.
Tritsch, *Elis*	F. Tritsch, 'Die Agora von Elis und die altgriechische Agora'（*Ö.J.*, xxvii, pp. 64 ff.）.
Weickert, *Typen*	C. Weickert, *Typen der archaischen Architektur in Griechenland und Kleinasien*（Augsburg, 1929）.

引　言

2 世纪，当帕萨尼亚斯（Pausanias）的希腊之行接近尾声时，他来到了佛吉斯一个叫作潘诺比乌斯（Panopeus）的小地方。他犹豫不决，不知是否能称之为“城市”，因为它没有政府办公室或体育馆，没有剧院或广场，也没有流向喷泉的水，只有一些破旧的房子和一两个古老的神殿。帕萨尼亚斯去过无数城市，大大小小，没有人比他更清楚希腊城市的本质，以及是什么赋予了它特色。此外，他在每一个重要的地点，都能覆盖地面上的一切，绝不遗漏任何值得一看的元素。如果读者能够不被他漫长的历史题外话分心，就可以很容易地看清楚城市元素之间的关系。关于本书的主题——希腊城市——我们不能比他介绍得更好了。当然，从我们的观点来看，他的描述是在晚些时候写的，但这并不重要。欧洲希腊的大多数古老城市并没有从根本上改变总体布局；另外，帕萨尼亚斯喜欢古文物研究，他记录的城市在当时已经成为古迹。

我们若把帕萨尼亚斯作为向导，从他的最后集合地沿着公路走来，会在路边留意到令人感兴趣的遗址，包括神社和坟墓。当我们来到这座城市时，会发现最显著的特征是防御墙，可能会停下来欣赏一番。进入一个主要的大门之后，脚下的路径直通向城市的中心，也就是广场。在那里，有大量房屋、神庙和较为简约的神殿、柱廊以及其他各种公共建筑，许多小型纪念碑点缀其间，特别是雕塑。顺便说一句，就像希腊雕塑必须放置在建筑背景中才能展现其魅力，希腊建筑也必须与雕塑紧密相连。在这一点上，帕萨尼亚斯让人获益匪浅。他把所有看到的东西都联系在一起；现在人们看到的伟大的建筑并不是孤立的，而是镶嵌在各种雕塑中的。没有什么地方比广场更能体现这一点。在那里，纪念碑松散地围绕着一块开放或半开放的区域，其形状并不十分清晰。看起来可能会有些混乱，或过于抢眼。

在许多古老的城市里，卫城在山上俯瞰整座城市。我们接下来会到卫城去，因为庄严肃穆的神庙最有可能坐落在那里。剧院或许建在较低斜坡的合适位置。我们的兴趣可能会主要集中于广场和卫城，但是不容错过的观光点散落在城市各处。最佳游览方式是沿着从广场延展到大门的主要街道前行。可能有一处我们不愿意跟随帕萨尼亚斯游览，那就是迷宫一样的后街和肮脏的小巷，那里挤满了普通市民的房子。在这里，帕萨尼亚斯没法满足我们的兴致，这些不是他所说的“值得一看的内容”。但是幸运的是，我们现在从考古证据中了解到越来越多的关于希腊房屋的知识，可以在想象中填充帕萨尼亚斯提供的框架。除此之外，他对墓地，尤其是名人的墓地，也很感兴趣。墓地一般在城门之外，密密麻麻地聚集在一起，或者沿着道路排成一行。其他重要元素一般位于近郊或郊区，比如体育场和体育馆，这些都需要比较开阔的场地。

并不是所有的希腊城市都是如此。需要注意的是，帕萨尼亚斯把注意力集中在欧洲大陆上的古希腊；而在一些较年轻的殖民地，新的城市建设方法得到了发展。但是希腊城市的每一个角落，所有建筑都包含了丰富而充满活力的生活所必需的某些元素。我们将详细审视其中的一些元素，但首先大家必须简要考虑以下问题：希腊城市如何拥有了上述的形式，或其他类似的和经过改良的形式？

第一章

希腊城市的发展

希腊城邦（city-state）在公元前第一个千年早期就已经开始缓慢萌芽。公元前 6 世纪，希腊的政治发展达到了很高水平，并在艺术和文学方面取得了辉煌成就。公元前 6 世纪晚期至前 5 世纪初期，强大的波斯王朝曾威胁要吞并希腊，但希腊人凭借着始终如一的团结以及英勇机智的战斗，避免了被吞并的危险。因此，直至公元前 5 世纪中期，希腊——尤其是雅典——取得了更加辉煌的成就。然而，之后的几十年（公元前 431—前 404）中，几乎整个希腊世界都被卷入了内战的灾难之中，所有城邦内部都不断地爆发党派斗争，这一切持续不断地削弱着希腊的力量。即便如此，公元前 4 世纪的希腊，仍旧在艺术、文学及哲学等方面拥有着举世无双的成就。然而希腊城邦的政治活力却在逐步被削弱，并最终随着马其顿王国（Macedonia）的崛起而丧失了它们的主权（公元前 338 年，马其顿王国在喀罗尼亚战役中战胜希腊，取得了决定性的胜利）。然而，当大部分希腊世界都被马其顿王国的亚历山大大帝（Alexander the

Great of Macedon）分割统治之时，随之而来的希腊化时代则绝不仅是一个城邦的衰败时代，这一点尤其体现在建筑方面。

回到最初的起点——希腊人杰出的祖先创造的传统，是古希腊文明产生、发展的核心。公元前第二个千年中期，大约在希腊城市全盛时期的 1000 年之前，米诺斯文明就已经在爱琴海地区达到鼎盛，其中心位于克里特岛（Crete）。在公元前第二个千年期间，米诺斯人逐步渗透于这一地区，并最终演变成了希腊人。在这一演变过程的早期阶段，主要采取的是改进传统文化的方式，而随着时间推移，地中海世界的重心由克里特岛转移到欧洲本土的迈锡尼（Mycenae）。随之而来的新阶段的渗透（多利安人的入侵）则破坏性更强，伴随着入侵的影响以及其他方面的破坏作用，米诺斯—迈锡尼文明大规模地土崩瓦解了。

米诺斯—迈锡尼文明与希腊文明之间的关系衍生出了一系列难以给出标准答案的问题。一脉相承的文明线并没有被破坏，但经历了几个世纪的风霜，这条脉络已经衰弱不堪，这一点尤其表现在建筑方面。固然，米诺斯和迈锡尼城邦对希腊城邦的早期影响是不可否认的，但它们也同样具有十分重要的差异。米诺斯城是以皇宫和广场（agora）为中心而建的（广场是一种开放性的区域，可能用于举行节日庆典或政治集会）；迈锡尼城则依附于作为防御工事的城堡而建。F. 特里奇（F. Tritsch）认为米诺斯和希腊城市都具有一种相同的向心特点，而相比之下，东方的城市则具有一种离心特点，偏重于城墙的建设。他强调甚至可能夸大了米诺斯和希腊城市之间的密切关系。从建筑角度而言，希腊城市出现之前的黑暗中间时代，已经产生了一条不是很明显的断层。很多重要的建筑物和宏伟的城墙都几乎没有被保留下来（这部分是由于重建使用了不耐用的建筑材料）。但无论如何，还是有很多城市在早期文明的中心发展起来。不过，它们的重要程度会有所改变。在古希腊，迈锡尼的一些大型中心城市不再具有重要地位，小城市却变成了中心。早期堡垒的大量巨石城墙至今依旧屹立不倒，在当时起到了很好的防御作用。其他一些不太重要的建筑以及建筑类型的遗迹，从某种程度上而言可能是对建筑传统的保持。但是希腊城市大抵都还是新式的，它的创造者在传统和遗迹的核心基础之上，几乎是从零开始的。

公元前第二个千年末期至公元前第一个千年早期，文明开化程度相对较低。据推测，当时的政治组织尚未发育成熟，没有杰出的统治者——没有米诺斯（Minos）也没有阿伽门农（Agamemnon），施行宽松的管理模式，但同时又有大量的地方国王和首领并存。居民们以一种简单的类似于村落的群体形式居住在一起。在上述条件中，希腊城市开始逐渐发展起来，它伴随着希腊各种新旧元素的尘埃落定，而形成了一种比以往更加强有力的政治结合体。希腊城邦成为这一充满活力的新精神的自然体现。与其前身相比，城邦面积更大且能提供更加丰富的生活资源。部分之前的城市可能被融合为同一城邦，但当它们达到一定规模时，就能作为一个更大的整体去积极地抵抗吞并。当然，希腊的地理条件有利于小型独立国家的存在。希腊是多山国家，肥沃且宜居的土地面积较小，主要位于山脉之间或山脉与海洋之间，几乎互不相连。

公元前 8 世纪及前 7 世纪，当城市还在逐渐成形之时，拥有强烈影响力的东方文化对希腊文化形成了很大的冲击。虽然这些影响为文化注入活力并产生了丰富的成果，却局限于小范围的装饰艺术方面，而更多的城市建筑依旧保持纯粹的希腊式风格。城市的总体设计和大型建筑形式受到东方或其他外部因素的影响较少，它们都按部就班地遵循着希腊人的文化、宗教和政治进程，并随着不断增长和变化的需求将新元素融入其中。

多种因素会决定城市的发展方向，其中，那些早期定居点被赋予更高的政治和建筑方面的发展使命。当然，自然优势、战略以及经济因素也起到一定的作用。有些时候，选择某地作为都城，并让一些小规模的城市附属于它，则是由个人或政治团体精心策划的。希腊的城市化进程也避免不了殖民地的开拓，通过这种形式，他们将领土扩展到小亚细亚和黑海沿岸，向西则延伸到意大利和西西里地区。这些殖民地通常一开始都是完整的自治社会群体。一些古老的城市具有悠久的历史，与希腊最古老的城市共同发展起来。新兴城市的规划则目的更加明确，且发展迅速。冯・格尔坎根据希腊城市的起源，对其进行了全面的分类。他还强调，这些分类实际上并不是整齐划一的，许多城市都同时隶属多个类别。

据史料记载，许多古老城市的核心是卫城（acropolis），即一座可以防御的山头，不会太高或太过险峻。早期，“城邦”（polis）和“卫城”在含义上可能没有区别。卫城是要塞，俯瞰着整座城市和珍贵的可耕地，是避难所，也是早期希腊社会仍有国王时王室所在地。城市的其他部分都聚集在山坡上。城市环绕着卫城不断扩张，或者更多的情况是在卫城的一侧发展。修昔底德利用遗址留下的证据告诉我们，雅典的下城最初位于卫城南边；在古典时期，它向四周发展，逐渐形成了一个以雅典卫城为中心的“轮状”城市（希罗多德）。

下城的中心是广场，“市场”（market-place）是一个很不恰当的译法，而“城市中心”（civic centre）这个相当冷僻的词则更糟。“市场”有明显的局限性，“城市中心”则带有一种潜意识，即把城市中精心挑选的一部分作为其伟大的象征和符号——它与许多希腊人熟悉的“广场”中的事物没有密切联系。“广场”是指人们聚在一起的地方，它最初的意思是“聚集”，但这种一般用法，在后来的作者笔下变得次要而特殊。在广场上，希腊人聚集在一起从事政治、商业或社会事务。在早期阶段，它位于卫城附近且距离其主入口不远，这样的地点既方便又安全。因此，广场和卫城形成了双核结构。随着时间的推移和政治的变化，两者之间的关系发生了变化。在实用性和政治

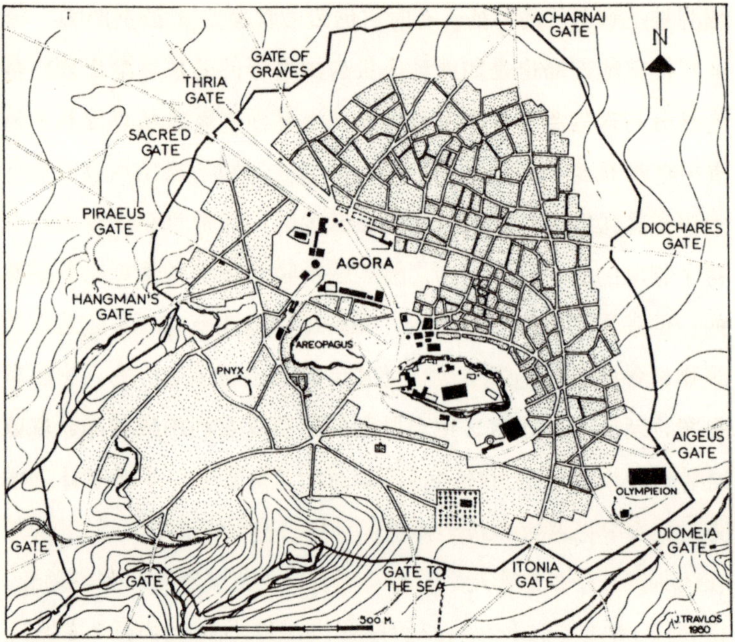

图 1　公元前 5 世纪的雅典。
有些街道可以从遗迹、大门的位置等得以了解。大多数都依据可能的线路得以复原。

重要性方面，广场不断发展，逐渐取代卫城的地位，直到最后成为城市中最重要和最独特的元素。许多城市经历了这样的政权演变：从君主制到贵族政治再到民主政治，这使得卫城不再处于核心位置，变成了附属品；但在这个转变过程中，卫城也成为神圣和庄严的象征，有时它仍然可以起到堡垒的作用。

在其他方面也是如此，大批自由平等的公民逐渐出现，他们充分积极地参与政治和社会生活，从而引导着城市建筑的发展。政府机构变得更加复杂。审议、立法和司法机构以及地方行政官，包括那些被授予了国王权力的人，数量趋于庞大，获得了相应的身份地位。与之相匹配的建筑方面的发展也是必然的，但其发展速度相对缓慢、无系统且不规范。为了建造新建筑物，各种各样的新情况也随之出现——有进取心的人提出新提案，新资金的投入，纪念胜利的愿望以及利用战利品获取收益等。然而，社会群体多样及日益增长的需求，才是真正的动力。这种增长本质上是民主的，但是，我们必须认可“僭主”在此所发挥的重要作用。古希腊语意义上的“僭主”，指的是与世袭国王相对的、未经合法程序而取得政权的统治者（虽然不一定是坏事儿），这类情况在希腊历史上经常出现。在公元前 7 世纪和前 6 世纪，僭主发挥了特别重要的作用。在一些城市，他们掌握了政治发展的关键点，在贵族政治和民主政治之间起到了必要的过渡作用。很多僭主明智地将大量智力和金钱投入公共工程和历史遗迹的建设之中。

古希腊时期也是一个商业扩张的时期，这催生了对更多新建筑的需求，并为建造这些建筑提供了大量的财富。我们将有机会在后面几章中更详细地探究这一过程。然而，只有少数城市真正变得富裕起来，各种瞬息万变的状况导致了棘手的政治和经济问题。独立的城邦资源有限，这大大地限制了希腊建筑的成就。

在政治和商业扩张之上的层面，城市守护神的神庙数量成倍增加，规模不断扩展，并呈现出一种更宏伟的形式。自古以来，庙宇一直作为最合适的媒介，用来展现城市最优秀的艺术成就，并表达最终极的艺术追求。在古城中，庙宇是唯一要在建造上达到富丽堂皇效果的建筑，它们所使用的建筑材料越来越牢固、华美和昂贵。石料取代了未经烧制的砖块和木头，到最后，高级庙宇的建筑材料升级为大理石，而在此之前，大理石仅用于装饰雕塑。由于石料的开采和运输成本高昂，在整个希腊时期，大量精细加工的石料仅用于建造神庙和更重要的公共建筑。普通建筑仍旧使用在石头或毛石地基上晒干的砖块。人们懂得如何烧制砖块，但可能是出于经济原因，很少使用。即使是公元前 5 世纪的雅典，也很难被称作一座拥有华丽建筑及光可鉴人的大理石的城市。高贵的纪念碑在朴素的背景衬托下尤为显眼。

城市人口不断增长，人们所居住的房屋大多不规则地挤在一起，狭窄的小路蜿蜒其中。主要街道从城门引入，成为城外各条小路的延伸，最终不规则地汇聚到广场。到目前为止，城市规划若有任何可识别的结构，就是广场和从中辐射出来的街道。但是这种放射状的形式不会被明显地标记出来，当科学的规划者最终将整个城市简化为一个几何平面图时，他们所采用的是不同的原则。在这种松散的框架下，城市的其他部分随意分布着。在这些古老的城市里，很少有经过深思熟虑或有远见的规划。公共建筑，如议事厅（bouleuterion）、市政厅（prytaneion）、用于各种用途的柱廊（stoas），在规划中没有固定的位置，不过它们一般都集中在广场周围。神庙随处可见，不过大多集中在卫城及广场附近。当人们为建造剧院、体育场和体育馆而选址时，其位置是由地面的自然特征决定的。

相对晚些时候，当城市发展得比较完整时，一面围墙将其简单粗暴地围了起来。在别的国家或其他时代的城市里，城墙通常是一个刚性的框架，城市内的一切都要适应城墙的形状，而这在希腊却是截然不同的。城墙必须适应城市所呈现出来的形态，还要兼顾自然地形和防御能力。直到公元前 6 世纪，环形城墙才普遍出现，公元前 5 世纪逐渐常态化。在此之前，整座城市都依靠卫城来保护。

到了公元前 6 世纪，城市在性质上已经趋于完善，不过还为各式各样的建筑留有发展空间。我对这些城市的发展和早期形式的描述，很大程度上来自对后期城市形式的推断，比如古老且保守的雅典。除了雄伟的神庙外，早期古城的遗迹大多残

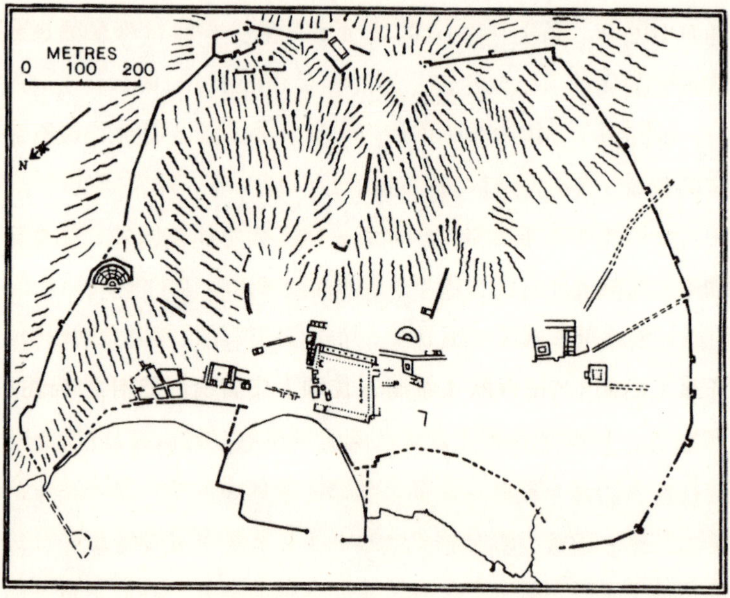

图 2 萨索斯岛。

缺不全、模糊不清，虽然它们确实证实了城市的不规则性，但能体现出城市整体形态的线索却少之又少。特里奇在克里特岛的拉托发现了一个古代城市的例子，那里有着非同寻常的强烈的克里特文明传统色彩，好像它天生就属于克里特岛一样。它有一个形状有趣的广场，坐落在两座城堡之间，周围是密密麻麻的小房子，还有一些不规则的狭窄街道。但也很难鉴定其所处的年代。

人们也许会认为我所描述的规划十分常规，但这为相似的类型和无穷无尽的变化留出了空间。通常，无论是在建筑形式上，还是就整体文化而言，每座希腊古城都有其高度个性化的特征。除此之外，还出现了一些特殊的城市，如建在高原上的山城，整座城市就像一座卫城，只是它的扩建可能会受到限制。济慈（Keats）在诗歌《希腊古瓮颂》中曾有过这样的描述："在河边、海滩或山坡上建造的和平城堡"，虽然人们可能会质疑"和平"这一字眼。希腊城市没有像泰晤士河、塞纳河或多瑙河那样，在城市的发展和生活中起着重要作用的河流。而在殖民地或新兴地区中则有沿海城市，有些建在半岛上，最终有可能延伸发展至内陆。这些城市的广场通常位于海港附近，其余部分大致呈半圆形围绕着它，有些地点呈现出剧院般的效果。一些最古老的城市在离海岸几英里远的卫城周围发展起来，这样可以免受海盗的袭击。商业贸易在早期并不是那么重要，后来，当一个好港口成了刚需的时候，附近海岸线上合适的地点就发展成了海港城市，如果这类城市繁荣起来，那么它就可能成为其他城市复制的模板。最后一个阶段是通过防御工事将两个城市连接起来，从而确保在国家被占领时能通过海路运送补给品。在公元前 5 世纪中叶，雅典引领了这一潮流，随后又有几个国家相继效仿。如此，我们便了解了这样的城市规划方案：上城—长墙防御—海港城市。

赋予希腊城市特色的不是特定的地理位置、形状或布局，而是某些希腊基本元素，其中最重要的就是广场。卫城变得冗余，成了建筑遗迹——然而我们必须铭记，正是对历史遗迹的保留与改造，才使得希腊文化获得了其独特的丰富性。至于广场这一至关重要的城市中心，人们对它的关注和延续则始终如一。除此之外，我们了解到的本土及个体多样性，使得希腊文化如此令人着迷。

在我们系统讨论城市规划之前，有必要再提示一下大家：我们不应认为希腊文化主要且几乎完全是城市文化。希腊城邦的生计建立在农业的基础之上，且始终依赖于农业。小块肥沃土地的耕种，玉米、橄榄和葡萄等作物的培育，无论是对于最发达的城市，还是对于依赖从遥远内陆进口大量食物的城市来说，都至关重要。修昔底德告诉我们，公元前 5 世纪时，大多数雅典人通常生活在乡村之中。阿里斯托芬（Aristophanes）在其剧作《阿卡奈人》（*Acharnians*）和其他著作中均生动地描写了各阶层雅典人对于阿提卡（Attica）这片土地的深厚依恋。与其他大城市一样，雅典有一些城市人口（港口城市比雷埃夫斯则更多）从事商贸和陶器、金属制品的工业制造，然而这只是其中一部分，而且他们不像今天的城市大众那样，与土地完全分离。在希腊一些偏远落后的地区，城市文化未曾得到过高度发展，人们仍然在简单的群落里过着比较原始的生活（修昔底德）。在其他地方，当地的社会群体或行政区域可能依旧保留着自身的生机和活力，尽管它们是城邦的一部分，但实际上则是一个尚未发育的城邦胚胎。城邦和城市并不完全相同，尽管前者在后者中得到了具体体现。为了慎重起见，我们再次回到狭义的“城市”，因为虽然神社、神庙等建筑散布于整片土地上，但是城市对建筑产生的影响最为重要。

人口与新旧城市都有关联。用来计算城邦人口的证据极其零散和模糊，且估算居住于城市中心的人口比例更加困难。但如果以现代城市的标准衡量，很明显大多数希腊城市规模都很小。关于雅典的证据比其他城市都要多一些。在伯里克利时代，阿提卡大约有 4 万名市民和 15 万自由人口，其中不到一半居住在城市及其港口。此外，在雅典或比雷埃夫斯可能还居住着 2 万多名从事贸易工作的外来人口，以及 10 万多名奴隶，而其他城市则很难达到如此规模。只有二十多个城邦的市民人口数量超过 1 万，这表明在当时，拥有 4 万或更多自由人口的城市数量相当少。思想家和规划者的想法很重要，因为这有可能反映出事物的实际情况。希波达莫斯（Hippodamus）认为 1 万是确切的数字（亚里士多德,《政治学》。不清楚他指的是市民还是居住者，我推测是前者）。柏拉图提到过在一片土地上有5040个“分享者”，这成为一个具有代表性的数字，尽管它取决于领地面积的大小。亚里士多德对统计学持谨慎态度。他说：“10个人不能成为一个城市，而人口达到10万时则不能再称之为城市。”他在《政治学》中所提出的“大众原则”，就抓住了问题的要害。城邦的人口必须是“自给自足的，且以美好生活为目的的政治群体”，但是它不能太庞大，这样成员之间无法保持私人交往，而这种交往是“为了在裁定法律问题以及依据个人功绩分配职位时，市民们能够对彼此的个性有所了解”。

第二章

希腊的城市规划

公元前 6 世纪至前 5 世纪，希腊文明高度发达，城邦建筑也相当完善，希腊人仍旧持续不停地建造新的城市，其中包括殖民地、同盟国的首府，以及就地重建波斯人和其他入侵者彻底摧毁的城市。在这种情况下，如果极富创造天赋的希腊人没有发明出某种城市规划的方法，或者他们会让城市简单自由地发展而非刻意建造，那简直不可思议。事实上，到了公元前 5 世纪，实际的需求已经为人们提供了方法，与此同时，建筑师也已经设想出一种理想的城市建筑形式，并试图将其付诸实践，尽管那时美学理论尚未占据主导地位。

我们无从得知这些新方法是如何产生并首先得到应用的，但毫无疑问，它们的发源地是小亚细亚西岸的爱奥尼亚（Ionia），极有可能是在米利都（Miletus）。直到相对较晚时期，西部的殖民地才有了规划的迹象，而希腊城市则很好地保留了其固有的传统形式。古爱奥尼亚人在各方面都处于文化领先地位，尤其在城市规划方面，他们拥有很好的实验机会，即开发殖民地以及重建那些被夷为平地的城市。有人可能会补充说，爱奥尼亚特别容易受到来自东方的影响，但我怀疑这是否会对城市规划产生影响，虽然在埃及和东方都可以找到相似的城市。过分强调外来的模型、传承和影响，这对于评判希腊人才智在城市规划中的作用是不公平的。更加安全的假设是，爱奥尼亚的建筑师独创了一个系统，这个系统将满足他们自己的需求和他们对城市的基本构想。系统的基本原则是简单、明确且实用不追求奇异和复杂。事实上，这是一种最基本的设计，即所谓的“井字格”或“棋盘形”，由成直角相交的笔直的街道所构成。

构思出这种方法并不需要伟大的天赋。因为一群又一群的殖民者在到达他们的地盘后，不断地面临着相同的问题，即如何采取最简单方便且最令人满意的方式去分割土地，而矩形分割法是最简单的。真正的独创性表现在如何使希腊城市及其所有古老的原始元素去适应这一刚性框架，并在适应过程中最大限度地将建筑的各种可能性加以利用。许多现代设计师对这种“棋盘形”的规划不屑一顾，尤其是当这种方法被大规模地严格执行时，认为它缺乏想象力和弹性。但这些反对意见并不适用于希腊城市。因为它们相对面积较小，且无须苦于应付大城市中出现的诸如交通等各种问题。它们的经济实力也无法支撑其进行扩张，“井字格”模式已经能够充分满足它们的各种需要。他们并没有想要追求宏伟、如画的效果以及壮丽的全景等。尽管如此，他们总有别出心裁的设计，尤其是在选址和建筑布局方面，可以避免单调乏味，呈现一个成功的城市规划方案。

在这方面，米利都显然扮演了重要的角色。在建立了数量惊人的殖民地之后，这座母城于公元前 494 年被波斯人摧毁。公元前 479 年，波斯人战败后，又以现代手法被重建。希腊城市规划方面最著名的人物希波达莫斯是米利都人，是一位模糊不清的人物。关于他最重要的资料来自亚里士多德的《政治学》。在亚里士多德的描述中，他留着长发，抱持有趣的政治理论，而他作为一个城市规划师的业绩则仅仅是“发现了城市区划的方法，为比雷埃夫斯城进行区划”。其他参考文献也无法找到更加精确的记载。我们可以确定的是，在公元前 5 世纪中叶，他为雅典人设计了比雷埃夫斯城，还参与了意大利南部城市图里（Thurii）的殖民活动（公元前 443 年），毫无疑问，他参与了新城的规划。斯特拉博（Strabo）在谈及希波达莫斯时，说他还曾参与过罗得（Rhodes，建立于公元前 408 年）的规划，但他又不太确定地加上了一句“正如大家所说的那样”。因为那种说法可能不一定是真的。如果属实的话，那么当希波达莫斯在比雷埃夫斯完成他的工作时，他过于年轻了，或者当他规划罗得时，年龄又过老。冯·格尔坎可能是对的。他把希波达莫斯的少年时期推回到公元前 6 世纪，并推测他在青年时参与了米利都的重建，而后又把新概念带到雅典城。我们无法否认他使用了矩形设计。亚里士多德曾有过相关暗示，但并无直接证据证明。

过去，人们曾试图将辐射状城市规划以及其他令人震惊的规划方法都归功于希波达莫斯，但相关证据都是虚构的。我们有理由认为，在希波达莫斯所处的年代和公元前 4 世纪，这些看起来十分标准的方法正是希腊城市规划最显著的特征。但这并不意味着这一切都是他的发明，也不能说他是希腊第一个使用这些方法的人，更大的可能性是他让它们更加广为人知。当我们读到他的“发明”时，须牢记一点，那就是希腊人最善于将那些许多人致力于其中且实际进展缓慢的事物，转化为凭一人之力就能企及的更令人惊叹的创造。提及他对土地的“分配”，可能会遇到这样一个事实：在为不同的目的规划城市和分配地段等方面，希波达莫斯真正展现出了他的足智多谋。但是，尽管我们可以谨慎地做出这些假设，希波达莫斯对于我们来说也仅仅是一个名字而已。然而，这是一个方便的名字，我觉得把希腊的方法称为希波达玛式（Hippodamian）是有道理的。

除了米利都城以外，我们对早期规划的城市所知甚少，不得不再次用后期的推断来弥补这一不足的证据。奥尔比亚（Olbia）是米利都在黑海北岸的殖民地，它于公元前 6 世纪末的一场大火之后重建。考古结果显示，奥尔比亚有着矩形的街道设计，但具体细节尚不清楚。米利都是一座非常古老的城市，依照不规则的形状建造，这一点可以从这个时期的少量遗迹推断得出。波斯人的洗劫非常彻底，归来的米利都幸存者规划并建立了一个全新的现代城市。雅典人则不同，当他们发现自己的城市被摧毁了，便逐渐将其恢复原貌，还建造了更宏伟的神庙。这种新型规划的矩形网格街道似乎覆盖了整个米利西亚半岛，除了南部地区，因为那里的街道朝向略有不同，且街区更大，可能是为后期的扩张做准备。紧接着需求变少了，随着经济逐渐恢复繁荣，实际的建设也将缓慢进行。米利都人似乎已经预见到他们的城市终将恢复昔日的辉煌，并据此进行了相应的规划。这是一项伟大且正当的事业。米利都再次成为一个繁荣的城市，只不过它古老辉煌的文化已经一去不复返了。街道朝向的选择经过精心设计且富有技巧，它便于一组街道沿着半岛的长度延伸。地势相对较低且平坦的广阔中心区域，从一开始就被预留下来作为广场之用——因为此地没有房屋被拆除以便日后实施伟大建筑计划的任何迹象。决定广场选址的因素主要与早期存在的各种因素相同，但其中涉及的原则可以更加深思熟虑地加以实施，并为未来的发展做准备。剧院、体育场、体育馆和类似的建筑被巧妙地纳入了规划，我们将在后续的章节中论及。

这种新方法除了应用在其发源地小亚细亚地区以外，只被少量地区在某段时期内所采用。希腊的情况尤为明显。例如，伊利亚（Elis）是公元前 471 年由村镇联合所形成的新兴城市，但依旧是老式的。希波达莫斯来到雅典的时候，正值这座城市开始大量吸引许多希腊知识分子领袖到来之时。我们对他在比雷埃夫斯的规划几乎一无所知。比雷埃夫斯城的现代重建主要

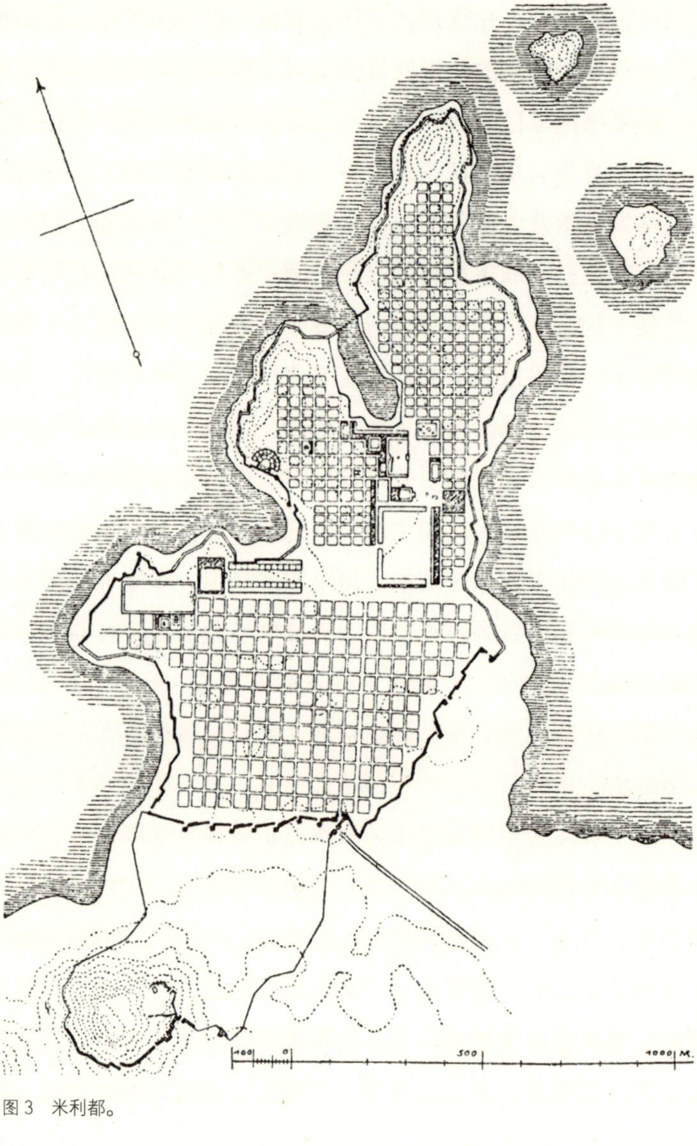

图 3　米利都。

是想象中的作品。丘陵和港口使得城市土地十分零碎，且有细微的迹象表明，矩形网格的规划方案在不同的城市区域使用了不同的朝向。“网格”规划模式只会给丘陵地区带来麻烦，现代的规划者可能会认为在这里使用这种模式是欠妥的，但这并不意味着设计师会迂腐地牺牲实用的便利性而去迎合抽象的理论。事实上，只要有几条相当平坦的大街，就足以应付一个希腊小城的交通。许多次要的交叉街道可能只比楼梯宽一些。比雷埃夫斯的广场位于穆尼基亚山以西的洼地里，它被命名为“希波达美亚”（Hippodameia），以纪念希波达莫斯。据推测，希波达莫斯在“分配”土地时，为比雷埃夫斯的广场预留了一个位置。

关于图里，我们仅能从狄奥多罗斯（Diodorus）的记述中了解到一些线索。书中记载，图里的道路中，有三条街是一个方向的，有四条街朝另一方向。街道数量太少了，因此可能街道之间会有小巷存在。然而，冯·格尔坎认为这样的规划是不太可能的。位于爱琴海北部的奥林索斯（Olynthus），其古城区位于南山上，形状不规则。但在公元前 5 世纪后期，地势较低且相对平缓的北山则以矩形网格的方式进行了规划：沿着山脊有几条南北向的长街，大量交叉的街道与狭窄的小巷纵横交错，将街区一分为二。同样的规划系统在南北两山的东侧地势较低的地面上延伸了一段距离，不过交叉的街道实际上却并没有沿着东边的斜坡向下延伸。有一些街道偏离了矩形网格规划，沿着山的边缘而建，例如，其中的一条“大道”斜向东南方向，

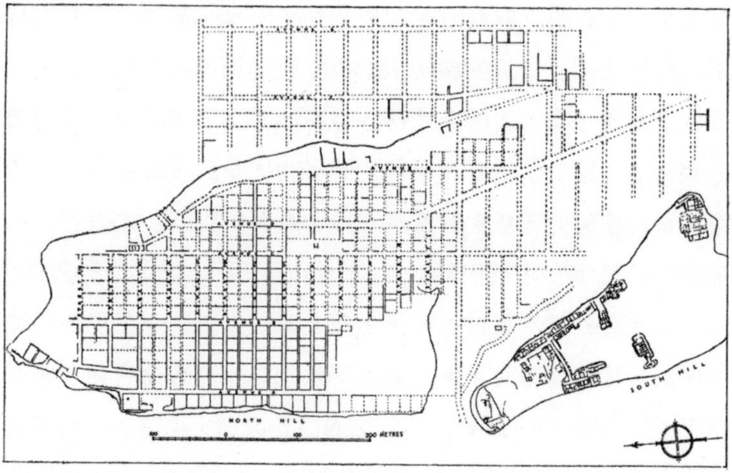

图 4　奥林索斯。
实线表示的是发掘出的房屋，虚线表示已确定推测出来的街道和街区。

直指海港城市麦西伯那（Mecyberna）。南山有一条“东侧大道”和一条“西侧大道”，它们由交叉街道相连接。因此，北部地区的新规划是对南部地区旧规划的一种简化。位于西西里岛西部的塞利努斯（Selinus）也建立在两座平缓的山丘上，但有着不同寻常的发展史。南山是最古老的部分，它俯瞰着向东延伸的海湾，但在早期，这座城市曾向北扩展到一座更大的山上，还包括东西两侧的低地。南山逐渐成了一个类似卫城的地方，上面建有一系列精致的庙宇。公元前 409 年，塞利努斯被迦太基人摧毁。不久之后，它就得以用矩形网格的方式重建，却被局限在南山。主街自北向南延伸，有许多交叉的街道，其中一条穿过梨形山头最宽的部分，形成了一个明显的横轴。有两点特别值得注意：第一，在城市东南角，仍然存在大量古老的神庙，占据了大量空间。实际上，这些神庙似乎决定了主要街道的走向和路线。第二，主要街道的十字形状比希腊城市规划中的更为明显，它类似于意大利的南北轴和东西轴规划。这表明，在过去曾有人对塞利努斯进行了过于自信且不切实际的修复。

罗得始建于公元前 408 年，有人把它比作一个大剧场（维特鲁威。这与公元前 4 世纪中叶摩索勒斯所描绘的哈利卡那苏斯有相似之处）。正如我们之前提到的，这可能是一个沿海城市自然而然形成的一种形式。这个比喻可能仅仅来自这块土地或城市的轮廓，没有必要进一步追究，也没必要把从广场辐射出来的主要街道想象成从剧院舞台辐射出来的座间过道。事实上直到后期，希腊的城市规划才略微倾向于采用放射状形式。位于小亚细亚西南部的科尼多斯（Cnidos）是该地区的另一个沿海城市，最初建在一个小半岛上。波斯战争后，它最终在毗邻半岛的大陆上得以重建。城市所在地坡度很陡峭，长长的街道几乎在同一水平面上，与海岸线平行，交叉的横街则陡峭地向上延伸，并设有台阶。一个城市的位置或者其重心的转移，在亚洲并不罕见，在希腊却十分少有。

在一些遗址上，这方面的证据很少或模糊不清，后世的沉积层或早期调查人员草率的假设则使情况变得更加复杂和令人疑惑。在希波达玛式的城市规划中，普里埃内（Priene）仍然为

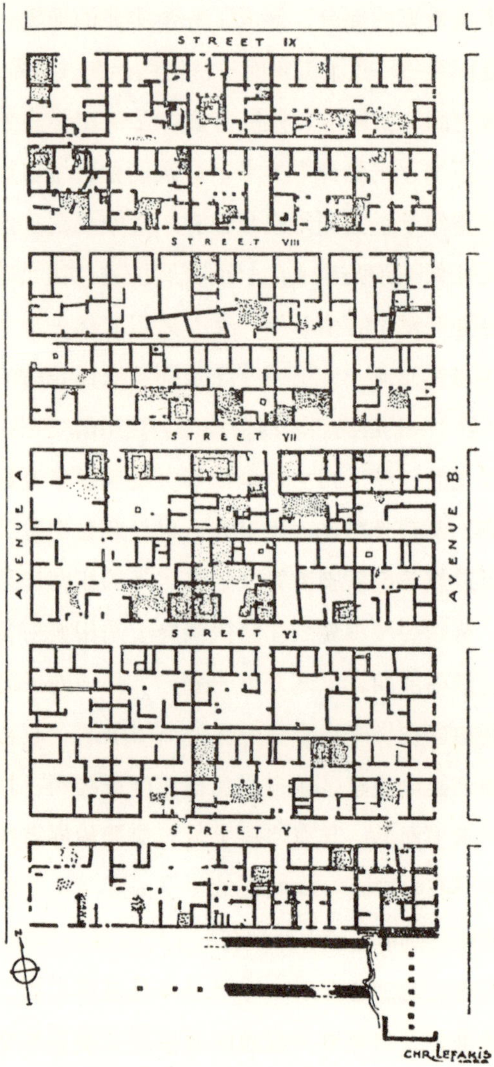
STREET IX
STREET VIII
STREET VII
STREET VI
STREET V
AVENUE A
AVENUE B.
CHR. LEFAKIS

图 5　奥林索斯，五个街区。

我们提供了最清晰的实物教学。当我们详细地研究各种要素时，普里埃内几乎在每一点上都提供了优秀的示例。从小范围内讲，它是一个典型的希腊城市，它包含了构成一个城邦的所有事物，并且都非常恰当、巧妙地按照希波达玛式的规划进行布置。公元前 4 世纪下半叶，这座城市重建在一座小山的南坡上，东西走向的长街相对来说是水平的，而交叉的横街则是陡直的。北面有一片更加险峻的、实际上几乎是难以抵达的地区，形成了一块类似卫城的区域，城墙松散且不规则地围绕着整片区域。住宅小区、公共场所和其他建筑物严格按照矩形网格进行规划，只有一些细微的调整。市中心区域十分便利，且与最重要的东西长街相切，被留作广场之用。一些神庙和公共建筑的位置得到妥善安排。精美的雅典娜神庙居高临下，坐落于广场西北部的高台上；剧院位于建筑聚集区的高处，与坐落于低处的带有室外体育场的体育馆起到了相互平衡的作用。普里埃内仅能容纳大约 4000 人，但是我们不能因为对希腊那些著名的大城市所产生的兴趣而忘记这样的事实：希腊很少有像科林斯这样规模的城市，雅典更是独一无二，但是有很多规模和普里埃内一样的城市，它们都能够被称为“城邦”。

从普里埃内时代开始，希波达玛式规划法得到广泛应用，特别是在亚洲，从亚历山大大帝及其继任者所遗留下来的众多城市地基遗址中可以见到（杜拉—欧罗波斯就是一个很好的例子）。在希腊化时代，城市不再享有由他们最伟大的事迹所体现

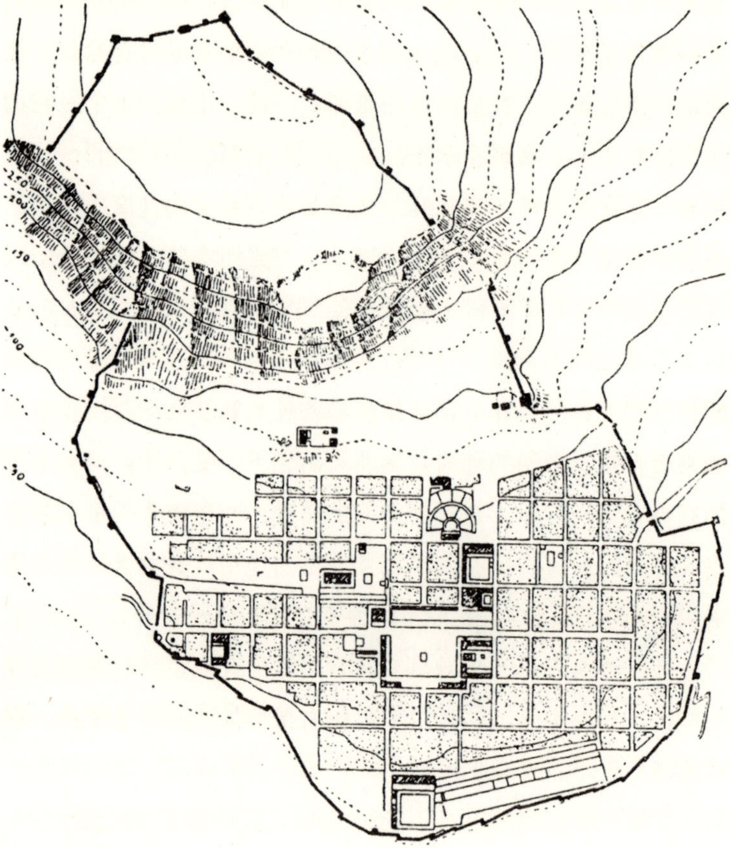

图6　普里埃内。

的活跃的独立性，但它们通常会拥有相当大的地方自治权，再加上来自皇家的慈善赞助，希腊城市的形式得以延续，并在某些方面发展壮大起来。具体的希腊化建筑成就——例如小亚细亚西北部的帕加马（Pergamon）的缔造者们所创造的壮观杰作——已经超出了我们的讨论范围，不过，本书偶尔会把它们用作比较对象。例如，普里埃内和帕加马之间的对比十分明显。帕加马是在公元前 3 世纪和前 2 世纪由其君主建立发展起来的城市，它是一个彻底希腊化的城市，与我们主要关注的希腊城市截然不同。T. 法伊夫称帕加马是真正的规划者的产物，这显然与希波达玛式的城市不同，但这种说法对后者是不公平的。帕加马的上城的山顶上，新月形伟大建筑和斜坡上巧妙地嵌入的剧院无疑是宏伟壮丽的。国王及其建筑师竭尽所能地展示了他们可以做到的一切，其物力甚至超过了一个繁荣的希腊城市所能企及的。普里埃内的建造者则是为一个希腊小城邦提供基本生活所需。米利都和普里埃内不必拿来作比较。

城市规划的一般原则其实少而简单。希腊的城市规划十分不学术，据我所知，到目前为止还没发现公认的理论体系。柏拉图和亚里士多德在拟定一个城市的适当形式时，他们仅限于提出了最一般的建议。亚里士多德说：“这类事情的困难不在于理论，而在于实践。”每个建筑师或规划师都必须运用自己的聪明才智来积极应对每个特定地点的问题。公元前 4 世纪，精心的规划被公认为是一件好事，是一座城市的财富。雅典街道的混乱状态遭到一些作家的批评。亚里士多德赞同“现代的希波达玛式风格”，但他认为如果城市的某些部分不按常规方法进行规划，那么它将在抵御敌人的渗透方面更有保障。

尽管像所有的希腊艺术家一样，建筑师准确无误地抓住了创造现代美的机会，但美学并非希波达玛式规划的首要目标。正如我们所见，其主旨是满足殖民地的实际需要。希腊人讲究秩序与和谐的天性也起了作用，诚然，这与他们的美感密切相关。但所有一切都是对现存元素的简化，没有将其牺牲，也没有使其遭受暴力破坏。希波达莫斯有时会被称为“古代的奥斯曼男爵”（Haussmann），这给人们留下了非常错误的印象。如果我的理解正确的话，“奥斯曼化”是指将大胆、盛气凌人的设计武断地强加于城市。宽阔笔直的街道无情地穿过整个城市，结果可能是其本身在建筑学上是宏伟的，但它压制一切，且与城市改造前的状态和城市的其余部分显得毫无关联。希波达玛式的规划则没有那么野心勃勃。此外，它主要适用于新地点，而不是强行将已建成的城市进行改造，它并未对城市的外观产生巨大的影响。我猜想，这种变化在城市实际街道上的体现不会像在平面图上那么明显，而对内在或精神上的改变则更少。特里奇说：“常规与非常规、希波达玛式城市与古希腊城市之间的区别，纯粹是形式上的和外在的。”两者都可以被称为城邦。所有至关重要的元素仍然存在于新城市中，它们之间的关系没有改变。本质上，这个过程是一种整理，而不是一种彻底的改变。当然，即使有诸多局限，但发展本身也是非常重要的，而且带来了一些出人意料的结果，我们将对其中一些进行探讨。某些古老的原始元素在适应的过程中经历了有趣的变化。矩形网格式规划对于创造更加精湛的建筑类型起了推进作用。

最重要的是，如果一个城市从一开始就按照希波达玛式方法进行规划，即除了规划出矩形的街道系统外，还为各种用途的建筑预留了场地，那么，以前那种偶然的、无意识的发展，便都可被小心地控制并服从于某一固定的设计方案，尽管这样做并不利于提高效率。小亚细亚的克洛芬（Colophon）碑文显示，在公元前 4 世纪末，市民在扩张和重建城市时，决定成立一个十人委员会，其职责是规划城墙的界限，确保找到最优秀的建筑师来规划道路和分配建筑用地，并为广场和公共建筑预留合适的位置。（但首先要向诸神宣誓，当工程完成时要举行游行和献祭。）

希波克拉底（Hippocrates）认为东向的城市最健康，亚里士多德也认为一个城市应该建在朝东的斜坡上，其次是朝南。两者都没有为街道系统规定任何详细的方向。某些建造者对街道的朝向有特殊的想法，使其能够利用或屏蔽某些方向来的风（参见维特鲁威）。为了达到这一效果，风必须配合沿着固定的路线吹。在实践中，似乎没有固定的规矩或准则，只有无穷无尽的变化，在以方便为前提的情况下，首选南北向和东西向。等高线是决定性因素。在平地上，可以自由选择。在斜坡或山脊上，长长的主街应尽可能与等高线平行，交叉的街道则沿着陡峭的方向延伸。一旦选定，朝向是要严格遵守的，但也不是迂腐地保持一成不变，在比较复杂的地点允许有特殊的偏差。据我们了解，很少有城区采用不同的朝向。没有证据显示，宗教对朝向选择有影响。只不过，常用的东西朝向和南北朝向，可以使神庙保留传统的朝向，即东向。

除了笔直、平行等特点，街道与以往并没有太大的不同。总体上来说，它们比老式城市的街道要宽一些，但仍然谈不上我们所谓的“宽”。四码[1]、五码或六码是一般的宽度。在大多数城市里，一些重要街道要更宽一些，我们了解到一些特殊的街道则要宽上两到三倍。但现有的证据显示，当时并没有建设宽阔街道或宏伟建筑的倾向。直到希腊化时代或罗马时代，长长的石柱廊街道和精美的远景才出现。很少出现两条主要街道交叉的情况。冯·格尔坎说：“希腊城市的街道不能被认为是设计中的主要元素，而是因本身的力量给人留下深刻的印象。甚至连主要街道都是出于自然需要，为市场周围和政府中心繁忙的交通提供了空间。”街道表面通常还是坚硬的泥土，只有在特殊情况下才会给特定地点加铺路面。例如，在陡峭的地面上铺路面，以防止雨水冲刷街道。奥林索斯的一些长街是由鹅卵石铺面的。更为系统的路面铺砌主要见于罗马时代。无盖和有盖的排水沟比以前增多，

1　码，长度单位，一码约等于0.9144米。——译者注

但仍然不足以满足现状。高起的人行道还很少见。

广场仍然是整个城市结构的核心，将整个结构联系起来，是城市生活的中心。一些位于城市中心的矩形街区被预留给广场，在公元前 4 世纪和希腊化时代早期，为其设计的建筑方式可能是希波达玛式规划最有趣的副产品。神庙仍然分散在城市各处，不同之处在于它们现在可以被整齐地安置，每一至两个街区就有一座。剩余的部分为住宅区。城墙仍然松散地围绕着，比以往任何时候都更坚定地扮演着防御线的角色，因为在公元前 4 世纪，攻城技术取得了长足的进步。城墙几乎完全独立于街道系统，城门通常（但并非总是）对着一条重要的街道。在旧式城市中，卫城变得多余；而在新式城市，若防御工事可以轻而易举地达到一个有绝对优势的高度，那么卫城也可以摒弃。

参考资料和遗址都证明，恰当角度的直街体系是希腊优秀建筑方法的标杆。但即使在这一方法已被充分发展之后，它也远远没有在希腊世界占据主导地位。尤其是希腊本土的古城，还都执拗地固守着旧貌。即使有改变它的意愿，但是想要彻底重新规划一个在同一地点连续存在的城市，确实是很难实现的。这样的想法只能通过一个非常有远见的计划来实现，这个计划要延续多年，并且即使是零星地进行，也要保持协调一致。尽管在新城市的规划中，显示出了非凡的远见，为可能持续到遥远未来的发展提供了条件，但对于一个古老的希腊城市来说，这样的计划几乎是不可能实现的。

备选方案是大规模搬迁到另一个地点。这在亚洲城市中是经常发生的，但是欧洲希腊的城市却很难做到这一点，即使那些出于安全考虑而非方便因素而选择的老城遗址，可能已经因各种有利因素而被放弃了。尽管不一定严格使用矩形线条，古城的某些部分可能被赋予一种更规则的现代化形式（例如雅典的广场）。但是，几乎没有任何证据表明，在古城中存在奥斯曼化或任何极端现代化的形式。在古希腊，即使在一个已经被夷为平地的城市，人们也倾向于就在它原来的遗址之上将其恢复成原来的样子。然而，在被亚历山大大帝完全摧毁后，底比斯（Thebes）则被规划得很规则整齐，主体被局限在其位于卡德米亚（Cadmea）高地之上古老的堡垒之内。

希波达玛式规划法应用范围有限的另一个迹象是，新兴城市继续以不太规则的形状建设。伊利亚的情况就是如此。梅格洛玻利斯（Megalopolis）建于公元前 371 年，规模宏大，但据我们所知，它在设计上并没有遵循希波达玛式规划法。同时期重建的曼提尼亚（Mantinea）也是如此。最后，在希腊化的时代，更加宏伟的建筑概念出现了，尤其是在帕加马和它的影响范围内，在那里通过大胆采用在坡地上修建房屋街巷的方式取得了良好的效果。另外，在亚历山大和其继任者的统治下，在亚洲大量产生的新希腊化的城市中，棋盘式规划方法成为常规，具有一致性和标准化（比如街区的比例等问题），这在早期都是外来的方法。

第三章

防御工事

卫城曾经是城市的主要堡垒，最多只能在地势较低的地方延伸出中等规模的外垒。在高度发达的城市中，它的作用则更加受限，它是城墙上的巨型防御工事，或者一个内部堡垒。到本书研究的时期，环形城墙成了城市最坚固的防御工事，人们不遗余力地使之坚不可摧。城墙不仅仅是第一道防线，与整座城市的兴亡也密切相关。到了这个阶段，卫城就可以被摒弃了。据我们所知，有些城市为了更加便利的位置而放弃了带有卫城的原始地点（如曼提尼亚）。后来的一些城市，如普里埃内和赫拉克利埃（Heraclea），几乎是偶然地拥有了某种卫城——一块偏远的高地，由于坚固而被纳为城墙的一部分，且并不需要在城市的一侧对其进行加固。新城米利都最初的城墙包含南部的一座小山，它曾是老城区的核心。但后来人们放弃了它，在地势较低的地区修建了一座环形城墙。卫城的规模差别很大，可能是一个小小的堡垒，也可能是像阿克罗科林斯（Acrocorinthus）卫城一样的巨大环形防御工事。

论及防御工事，亚里士多德说：“卫城适用于寡头政治和君主政治，适合为民主政治铺平道路。”对于国王、寡头统治者和僭主来说，拥有卫城就足够了。有时它可以防止城市内部的叛乱，同时又能抵御城市外部的危险。在民主制度下，整个社会都在寻求强有力的保护。事实上，单独的防御工事以及对卫城的武装占领被认为是反民主、暴政的象征，抑或是外来势力统治的象征。坚固的城墙是一种坚强而无畏的自治的象征。当一座城市被击败并失去独立地位时，胜利者有时会要求拆毁其外墙，并在卫城中安排自己的守备部队。

尽管有这些限制，但卫城仍在许多古城的生活中占有十分重要的地位，因为其神殿的神圣与庄严，也因为它所代表的传统。G. 弗戈瑞斯强调广场和卫城的对比时说：“城下是关于劳动、贸易、工业和政治生活的嗡嗡的嘈杂声音。卫城之上，则是超然于尘世之上的宁静氛围，在那里，众神在祭品的香烟袅袅和祈祷者的低声细语中主宰着一切。其间，不时有几名士兵从城墙的高度扫视着远处的地平线。”这种对比稍微有些夸张，当我们来到广场时，就会明白这一点。宗教与艺术密不可分，最精美的雕塑和建筑精品往往出现在卫城之中。雅典卫城的辉煌发展仅仅体现在程度上，其性质并没有发生变化。

环形城墙与卫城紧密相连，尽管它代表着一个开始，而且是后来增建的，却是希腊城市中最令人印象深刻的丰碑。在许多遗址上，现在几乎看不到其他任何建筑，而城墙仍然矗立在高处，给人以壮观和美丽的深刻印象。作为工程学上的壮举，城墙在整个希腊建筑学范围内是无法超越的。建造几英里长的坚固城墙，这是一个城市所要面临的最艰苦也是耗资最大的建设任务。尽管它们朴素实用，但仍常被视为城市的建筑成就。亚里士多德说，城墙应该是一种装饰，也是一种保护。它是给来访者留下深刻印象的第一件事物，也能挫伤正在逼近的敌人的士气。

除了整个环形城墙的宏伟壮丽，以及城门和塔楼的厚重与朴素之美，希腊的城墙还有一种特殊的魅力，那就是精心设计的以高超技艺和细心雕琢的砖石。它们为希腊人结合实用与美丽的天赋提供了最佳例证。精美的砖石结构也存在于许多其他建筑物中，但是城墙将其魅力展现得淋漓尽致。希腊砖石货真价实，很少表里不一。即使是几英尺厚的用碎石堆成的防御墙也不例外，它们的建造仅表现出一种自然且显而易见的精打细算。城墙表面巨大、严丝合缝的砌块并非饰面，而是整体的重要部分，深深地贯穿其内部，增加了额外的强度。在希腊，建筑师有着伟大的传统来激励他们建造城墙。在一些地方，人们仍然可以看到迈锡尼堡垒中壮观的巨石和方石石墙，事实上，它们有时会被修补并使用。在这新旧两个时代，这些伟大的城墙似乎都是从岩石中生长出来的，与周围的地形融为一体。

无论最终防御墙有多么重要，它并不是城市建筑形式的首要或基本元素。纵观历史，城墙是后期才建造的。一些城市在古典时期并没有城墙，比如斯巴达（Sparta）和伊利亚。一个完整的希腊城市可以没有城墙，却不能没有广场、体育馆和剧院。柏拉图在他的著作《律法》中让一个演讲者说道，最好是让城墙“在泥土中沉睡”，公民的刀剑才是唯一真正的堡垒，勇者应该在边境上与敌人交锋，城墙是对懦夫不战而屈的诱惑。但是大多数人，包括亚里士多德，都持一种常识性的观点，那就是即便是勇者，也最好在行动背后有一个防御基地。

城墙松散随意地围绕着城市，它不是城市的框架，通常也不是规划中的主导因素。早期的城市中这一特征尤为突出，而在那些相对较晚建立的城市，彼时，城墙已很常见并已被确认为必需品，为了安全起见，可能在早期就已划出并建立起了环形城墙，只是它的轮廓是不规则的，且不符合某一类型。关于城墙在城市结构中所起到的次要作用，人们可能会把希腊和埃及、东方以及意大利进行对比。意大利的城市规划具有很强的军事和宗教色彩，城市与营地相关，在营地中有一个矩形的壁垒，其大门位于两条主要街道的中轴线上，使得整个规划轮廓分明并形成了固定的类型。

城墙的建造可能始于爱奥尼亚，那里的城市不得不面对一连串更强大的敌人的进攻威胁。不久之后，欧洲的母国也都有所效仿。也许在古典时代早期，城市的防御工事也很杰出，但这个问题很难确认，因为早期城墙结构简单，那些建于低矮的碎石底座上未经烧制的砖块，可能早已消失，没有留下任何痕迹。在公元前 6 世纪，城墙的修建变得相对普遍，至公元前 5 世纪已成为常态，但也有例外。斯巴达在军事霸权持续存在期间，可以摒弃防御工事。伊利亚新建于公元前 5 世纪，没有围墙。在波斯战争前，雅典是否有城墙彻底包围，是考古学家热议的问题。

在规划环形城墙时，建筑师必须在建造成本和城墙强度之间取得平衡。石头的运输成本十分昂贵，必须节约使用劳动力和原材料。最好的办法是采取最短的路线，将建成区域围起来，但改道通常会形成更强有力的防御线路。在平坦的地面上不会出现任何复杂的情况，城墙将近似于一个圆形，即其周长与面积比例最小的图形（比如，曼提尼亚的城墙）。但几乎总是有一些特殊的因素存在，特别是在大多数地点都有能够用来防御的不规则地面。通常，城墙常常偏离合理的最短路线相当远的一段距离，将天然的防御工事囊括进来，虽然增加了长度，但减少了需要配备的驻守人员。城墙沿着山脊的顶部延伸，或在稍微低于山脊且面向敌人的斜坡上延伸，这样城内就会低一些。在非常险峻的地方，有时可以不修建城墙，仍能保障安全。另外，战略性延伸常常会面临重大工程困难，而建筑师在克服这些困难方面获得了惊人的技能。

自公元前 5 世纪末开始，随着攻城技术的提高，良好的防御能力变得越来越重要。无论多么不方便，城墙都不得不采取这种路线，它能使强大的攻城方法无法轻易施展，且薄弱的地方能得到很好的保护。叙拉古（Syracuse）就是一个鲜明的例子。埃皮波莱高地（Epipolae）向西延伸了两英里，当它被敌对势力占领时，会对城市构成严重的威胁。在公元前4世纪，这片高地被包含在防御工事中，尽管因此而修筑了超长的城墙，且围住了许多原本并不需要的土地。基于这些必要条件，以及城墙所包围的各个城市都没有建造的标准方式，因此，希腊的城墙设计展现出显著的多样化。城墙长度变化也很大，且与人口或围合的面积的比例无关。叙拉古大约有17英里长的城墙，这是很异乎寻常的。但对于较大的城市来说，五、六、七英里长的城墙都是正常的，而通向大海的“长墙”则会增加长度。

附属结构仅限于基本要素——门和塔楼。幕墙的中间配备有护墙和城垛，根据碑文记载，在雅典，它们的顶部还巧妙地建造了一个有顶的长廊。公元前4世纪，当攻城石炮（artillery）被制造出来的时候，护墙变得越来越坚固，因为攻城石炮能把护墙摧毁，并抢走防御者的“掩体”。塔楼被安排在各个指挥点，根据防御的需求不同，这些指挥塔的间距也有很大不同。它们有时和城墙连在一起，有时是分离的。它们通常是由优质、结实且规则的砖石建造而成，多数为方形，少数为圆形。有些只是城墙表面的突出物，有些则是巨大的宽敞结构。有些塔楼只有一个作战平台，上面没有屋顶。较常见的情况是两层楼，甚至好几层楼，门从第一层一直开到城墙顶端。有时底层不是一个房间，而是为建造上层铺满碎石的地基。当然，也装备了观察孔或射击孔。防御集中在塔楼里，它们的主要目的是使守军能够从高处纵向对进攻者开火。这也可以在没有塔楼的情况下完成，在某些地方，合适的角度和突出物使之成为可能。一种简单而原始的建造方式是“锯齿状痕迹”，也就是让一段短墙与整座城墙成直角连接，而产生的一系列扭结或锯齿状凸起。这种方法被用于古代的防御工事，但在公元前 5 世纪和前 4 世纪被塔楼所取代，不过后来它又重新出现，与塔楼相结合。有时，大门也会通过扭结或重叠的方式与城墙成直角。大门的设计简单，没有多余的装饰。重要的城门两侧都有塔楼，也有小而不显眼的后门。有时内外各有一个门，中间有一个小的圆形或长方形天井。这种方案的优点是，即使攻击者突破了外城门，他们也仍未进入城内，在这里特别容易受到攻击。事实上，在科林斯湾（Corinth）和其他地方的天然地峡门，其外部的入口并没有能够关闭的设备，整体的布置就像是陷阱一样。在希腊化时代，人们就开始使用拱门了。城门自带其特有的神圣不可侵犯的气势，有时在城门里还会有供奉的神龛，甚至是小型神社。

更加复杂的防御和反攻建筑则很少见。西西里岛的一些建筑范本，反而比古希腊的更能让人联想到中世纪的军事建筑。叙拉古最脆弱的位置在埃皮波莱高地的最西端，那里有一套复杂的沟渠体系作为防御，巨大的塔楼装备有石炮，建有用于内部通信和防止突围的通道。塞利努斯最北端的卫城有一套类似的堡垒，这些都似乎在展示着它们出自同一双狡猾之手，即公元前 4 世纪早期叙拉古的僭主——狄俄尼索斯（Dionysius），一位战争科学大师，但这些规划方法没有被广泛应用。一般来讲，如果设计足够巧妙，一个相对简单的体系，包括塔楼、幕墙和两侧配有塔楼的大门，就已足够。

城墙是城市的最后一道防线，除非要在卫城上孤注一掷，拼死抵抗。城市的第一道防线通常是敌人要越过的山脉。有时人们会筑起粗糙的城墙来防御，或将堡垒建于制高点上。阿提卡的边境堡垒留有遗址，它是古代防御工事中最好的样本之一。即使是简单的瞭望塔有时也由最好的砖石建造，它们使得整个防御系统得以完善。

建造防御墙的方法多种多样。最好的（如墨西尼）是用又高又厚的上等大块石料，经过精心加工和组装，不使用任何黏合材料，甚至没有使用钳夹。但是，这种昂贵且费力的方法并没有被普遍使用。更常见的情况是，组装起来的砌块仅仅是碎石堆芯或其他粗糙填充物两边的非常坚固的外表面，而它们自己的内表面则是不规则的，或者只有地基和台石是用石头做的，上层结构是用生砖做的——这种材料可以做得比人们想象的更加坚固耐用。事实上，帕萨尼亚斯说生砖比石头更能禁受住攻城机械的攻击（曼提尼亚的城墙就是这样建造的）。砌块的厚度从 6 英尺到 13 英尺不等，甚至更厚，且在同一面墙上也会有厚度的变化。

关于技术的注释

在本书中，若试图对建筑技巧进行全面的描述并不合适。

但是，因为与其他结构相比，城墙的外观和整体建筑特点在很大程度上取决于砖石的样式，为了能够全面公正地展现其精美的艺术品质，我想在简短的注释中扩展说明一下这个主题。我不会去论述所用石块的类型，这会使内容过于复杂；虽然这在确定建造样式时很重要，却非决定性因素。

在对砌块的处理中发现了非常丰富的形式，从最纯粹的碎毛石到规律排列的、具有高度抛光表面和刀刃接缝的完美方形砌块。前者用于简单的防御工事中（不一定是早期的），也用于其他坚固城墙的不重要延伸部分，以及房屋和其他小型建筑的底部。后者用于神庙和其他重要建筑的大理石步道，与这部分所讲的内容没有直接关系。希腊的建筑师更喜欢赋予防御墙一种坚固耐用的外观，即使需要耗费大量的人工技术。他们在建造城墙中体现的适配感，与建造其他建筑物一样完美。

以样式为依据测定年代十分困难。旧观点认为砌块按照巨石堆—多边形石堆—方形石堆发展，这是站不住脚的。只有一小部分遗迹的年代可以依据外部证据精确测定。人们不断地以更现代的方式修缮、更新或扩建城墙，这通常会使问题复杂化。但有时，当这些情况都出现在一处遗址中，虽然无法测定其精确年代，但是有助于推测其大致年代。在这部分中，我通常会笼统地提到公元前 6 世纪到前 4 世纪的城墙，偶尔会提及更精确的年代。

建筑风格已经相互融合，清晰的分类也是不可能的。在经过艺术加工的砖石结构中，最明显的区别是多边形和正方形。多边形分为两类：第一类，砌块的边缘是弧形的，有时巨大的波浪形曲线贯穿整段墙体；第二类的侧面则是直线，产生一种不规则的蜂巢状效果。两者都可能有一些类似的发展历程。斯克兰顿（Scranton）根据起源将前者定义为莱斯博斯岛式（Lesbian），而后者则是真正的多边形。但“多边形”这个词可以合理地适用于这两种风格。斯克兰顿发现莱斯博斯岛的砖石建筑主要是古色古香的，以公元前 6 世纪的建筑风格为主体，主要受到爱奥尼亚式的影响。真正的多边形主要集中在公元前 5 世纪，但后来它又再次出现。这两种多边形结构主要存在于台地墙和独立墙的基底。在粗凿的石块中最明显地保留着其起源的痕迹，然而，它也是人工风格最明显的，因为它需要大量的技巧和劳动力。每一块石头都需要单独处理，并以铅条作为图案装饰，以确保完美贴合。最高水平的多边形的砖石建筑拥有其独特的魅力，一点也不次于精美方形石建筑的朴素之美。

有一种风格介于多边形和方形之间，虽然更接近后者，但石块的上边缘和下边缘是水平的，而其他两个边则明显偏离垂直，产生一种梯形的效果。这并非是方形石的一种不修边幅的演变，而是一种刻意采用的风格，需要更细致的搭配。有时要用小的三角形碎片，尖头朝下去填满石块顶部之间的空隙。梯形建筑作品在公元前 5 世纪后半叶和前 4 世纪上半叶尤为盛行，当时它被应用在一些最精良的防御工事壁垒上。这些石块几乎都是采用天然面石（rock-faced），或采用最简单的装饰，因为这种处理方法最符合这种风格的特点。与方形石建筑作品一样，在梯形石建筑作品中，每一层往往是不规则或断断续续的，石块的高度变化很大，除此之外，还有每一层高度的差异。神庙和其他有围墙的建筑物的墙壁线条十分规则，而巨大的防御城墙的凹凸不平与它粗犷结实的特点相符。

正方形石块或雕琢方石的应用可追溯到早期的希腊城墙时期，虽然它在公元前5世纪取代了多边形，但并不能认为方形石是多边形石的继承。在完美的方石作品中，其效果取决于石块的比例、每一层的高度以及石块在建筑物中的排列顺序。石块比例变化多样，但是阿提卡的砖瓦匠似乎已经找到了自己的理想选择，那就是不断重复1∶2.6的高度和长度的比例，在很多案例中，这个比例实际为1.5阿提卡尺比4阿提卡尺。但是不同的墙壁有不同的建造规范，比例和边缘装饰有时会突出单独的石块，有时会突出层的线条，有时——尤其是在精美的大理石墙壁上——会展现不可分割的整体。层的高度有时相同（采用相同标准切割的石块），有时高低错落，有时逐渐变化（通常逐渐降低）。露头砖和顺砌砖可用于多种方案，也可用于无特定方案。在越来越多的精细作品中，垂直的接缝在整面墙的高度保持一致。

最后却很重要的一点是，界定一面墙壁的特征是看其对石块表面的处理。一类是“天然面石”或“毛面石”的作品（有时称为“粗琢石”）——其石块表面形成粗糙的凸起，与刚开采出来的石头差不多，另一类是表面被精心打磨、平整光滑的作品。天然面石被用在那些不太重要的建筑作品中，以及很少或不会被人看到的地方（比如被掩埋的地方）；但也有一些被刻意保留在某些建筑中，因为它比人工抛光的更合适；或者用粗糙的凹槽或条纹加以简单修饰。还有一些更加具有装饰性的设计，主要是由一排排短的垂直凹槽组成。这种处理方式在墙壁不同的部位会产生不同的变化。例如，一面经过细致抛光的墙壁可能筑于一个天然面石的基座上，这产生了一种从原石而来的微妙过渡。在精致的砖石建筑中使用了无砂浆砌体技术，即沿边缘仔细地安装一个窄条，有时通过各种形式的草绘（沿外表面边缘凿刻出一条平直的长条）和斜角切割来精心加工这些衔接处，塔楼的角通常通过草绘来突出。

在各种各样的风格和技术中，人们认为毛面或简单装饰的石灰石砌体，方石或梯形石（更可能两者兼而有之），都是希腊最高贵的城市与堡垒墙壁的典型代表。建造这些墙壁的都是最好的石匠、工程师、建筑师和高级艺术家。他们的作品展示了我们对“工人”“工匠”和“艺术家”的辨识与希腊人的想法是多么不同。“工艺”（techne）一词囊括了所有这些名词。希腊艺术家对美的热爱、对协调和比例的准确把握以及无休止地尽全力做事的能力——这一点在帕特农神庙或波利克里特斯的运动员雕塑上表现得淋漓尽致——在修整一块简单的砌块以及建造一面墙壁中都得到了体现。

第四章

广　场

根据希罗多德的观点，波斯王居鲁士（Cyrus）提到希腊人时说："我还从来没有害怕过这样一类人，他们在城中央留出一块空地，在那里聚集并相互扯谎、咒骂。"与其他专制统治者一样，他对更加自由的制度怀有一种盲目的藐视，但至少他对希腊人的生活拥有足够的洞察力，认为广场是希腊人民的特点。"agora"（广场）这个词很不容易翻译到位，因为它代表着一种希腊独有的事物，像"polis"（城邦）或"sophrosyne"（明智）。人们可能会疑惑，其他城市的公共场所是否曾经也对形形色色的活动有过如此热情持久的关注。广场实际上不仅是一个公共场所，而且是城市的中心地带，是城市鲜活跳动的心脏。尽管其职能不可避免地被分散和专门化，但它保留了所有古老职能的真正责任。它一直是一个单一的整体，或者至少是强烈地抵制被分裂。它是所有公民最常光顾的地方，它不是在特殊时刻才突然在生活中冒出来，而是社会生活、商业和政治的日常景象。

如城市一样，广场以一种简单的方式开始。一块相当平坦的空地就已足够了，良好的水源供应和符合要求的排水系统很重要。如果可能的话，会选择一个大致的中心位置，因为广场必须为城市生活和主要街道提供一个方便的焦点，使得主要街道得以蜿蜒地穿过住宅区，并向外辐射延伸。早期雅典卫城的统治地位自然影响了广场的地位，但随着时间的推移，正如我们所见，重点发生了逆转，雅典卫城成为城市的附属物，广场才是把所有建筑连接在一起的真正的城市中心。

早期的广场在形式上无疑是极其简单的，同一块自由空间满足了各种各样的需求。在这里，人们可以聚集在一起高谈阔论，唯一需要的设施是为演讲者准备的讲坛，以及为身份尊贵的人准备的座位。节日里的宗教集会也可以在这里举行，如果广场或其中一部分大致呈“剧场”形状，更确切地说是，如果有一个方便的斜坡，可以为听众们提供阶梯座位，那就非常实用了。米诺斯城市的“剧院区”可能是这种布置的先驱。拉托（Lato）广场有宽阔的台阶沿北面向上延伸，古希腊阿提卡市区的小“剧院”也许就是简单的当地广场。H. A. 汤普森（H. A. Thompson）认为，雅典广场西面山坡上嵌入的台阶建于公元前 5 世纪，但 R. 马丁（R. Martin）则认为它建于更古老的年代，但两人都认可这些台阶是供观众观看演出的。传统的希腊剧院可以被认为是广场的副本，它与旧的城市中心相分离，在某种程度上因为特殊的目的而高度发展。一个非常简单的“场景转换”就能把一个原始的广场或广场的一部分转变成为一个市集，并在此设立临时摊位。

嵌入城市中心的广场很难随着城市的发展而扩张。然而，在一些幸运的地方，这还是有可能的。在雅典，有一些模糊的文学证据表明，在卫城以西有一个原始的广场，而正统的广场可能是公元前 7 世纪至前 6 世纪时重心向北转移时慢慢形成的。另外随着人口增长，城市建筑越来越多，名胜古迹遍布四处，广场的压力也可以得到缓解。更大的政治和宗教集会在其他地方找到了更宽敞的场所，特别是剧院，经常被用于大型集会和演出。雅典人为国民大会在普尼克斯山（Pnyx）西南边的山坡上修建了一个特殊的场地，然而他们仍然偶尔会在广场上集会，比如当他们想要赶走那些麻烦的政客时。

从建筑角度来讲，广场的发展意味着更多、更优质的建筑物。议会厅、市政厅、地方行政长官和委员会办公厅、档案局等，都顺理成章地设立在广场或离广场很近的地方，除非当地传统要求它们必须位于卫城或其他地点。人们发现，柱廊或开放式柱廊，无论有或没有附属物，都是一种多用途的建筑物，并成为广场的独有特征。随着城中宗教团体的增多和发展，广场容纳了大量的祭坛和神庙，虽然没有卫城历史悠久，但其数量和种类能与之相匹敌甚至超越它。日益复杂的贸易生活在广场上得到了清晰的展现。古老的希腊见证了贸易和工业的巨大发展，主要的商业城市在地中海市场中占有重要的地位。酒、油、陶器和其他制造品用于出口，而谷物等粮食必需品则需要进口。批发商、投机商和银行主出现。他们在广场或港口附近有自己的商店，但也会利用柱廊，把它们用作交易所和市场大厅。旧市场仍然存在，有很多摊位，但是从公元前5世纪开始，人们开始建造越来越多庄严的大厅，仍然是采用柱廊的形式，或者赋予一排排的商店精致的柱型外观。

柱廊和神庙统治着广场。你可以想象各种各样的小型遗址，它们像较大的建筑物一样聚集在一起，不规则地排列着，但又很有艺术感。泉水房——不仅是一个装饰性的喷泉——通常也是一个重要的元素。在建筑物前面以及通往或穿过该区域的街道两旁，竖立着众神、英雄和男人的雕像。除了柱廊外，还种植了树木来遮阳。仅在有限的区域铺路面，后来范围逐渐扩大。

广场的发展是缓慢、零碎且不规则的，最终没有发展成一个明确的建筑类型。那些古老城市的广场在形式、布局和内容上都有很大的差异。可以强行总结随着本土因素而变化的建筑统一性，但无法期望紧密协调，更不用说形式相似。

此外，古代的素材不足，很难厘清。前面已经提到过，克里特岛上的拉托小广场建在一片阶地上，形成了一个粗略的五边形，街道从各个方向汇入其中。广场西面和南面各有一个柱廊，中间有一个神庙和一个蓄水池。最有趣的是北面。之前提到的台阶形成了一个观众席，可以观看下面开放空间中的精彩演出，或聆听演说。两侧是塔楼，位于内层防御工事线上，顶

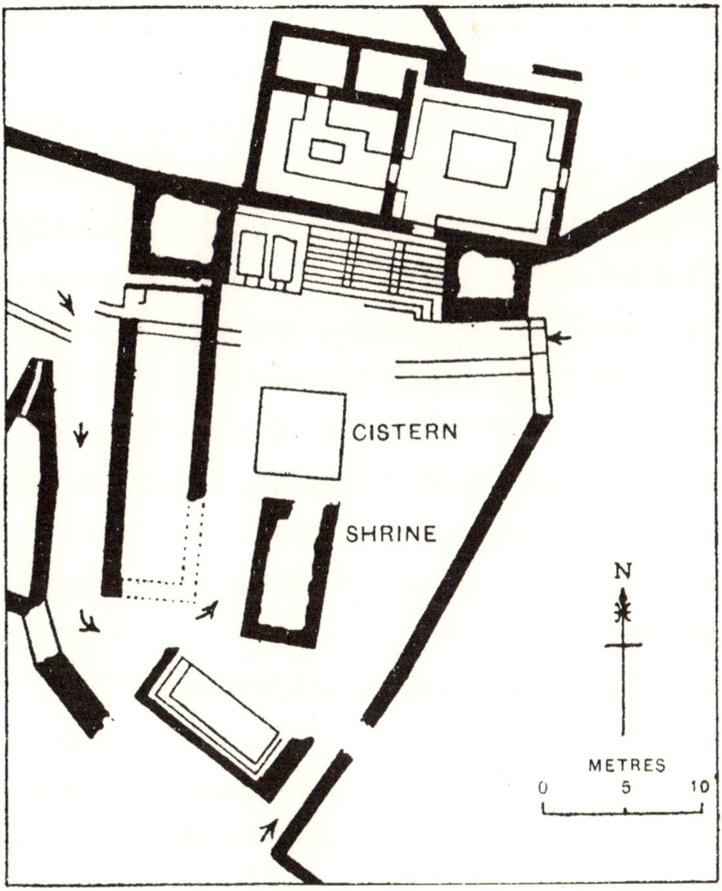

图7　拉托，广场。

部是一座可以被称为“市政厅”的建筑。因此，无论是在位置上还是形式上，这里都有许多早期广场的典型特征。在克里特岛的特罗斯（Dreros）也发现了类似的不同寻常的早期广场。它也坐落在两座山连接处的下方，其中一座山是卫城，城里面有一系列建筑，包括“剧院”阶梯、一座有趣的古庙，还有几间房屋，可能是市政厅。

现在，雅典为我们提供了最好的实物课程，它正如我们所希望的那样。美国考古学家在20世纪30年代的发掘使得广场区域——现代和古代雅典的中心——的清理这一繁复的任务几近完成。虽然结果并未轰动一时，且许多地形地貌问题仍未解决，但却给出了一个相当明确且值得信赖的建筑发展概况。古代广场的选址就其目的而言是值得赞扬的。它位于雅典卫城的西北方向，可以从卫城方便快捷地抵达。广场从一个相当广阔而平坦的中心区域开始，地面向东缓慢抬升，向西则更陡峭，而南部是石山最高法院（rocky Areopagus），在它下面有丰富的泉水，北部是厄里达努斯河（Eridanus），可以保障排水。

广场似乎是在公元前7世纪末开始在这个地方发展起来的，从西边的市政厅开始向外扩展。从这个地区的一些坟墓和其传统名称“凯拉米克斯”（Kerameikos，即陶工区）我们了解到它的早期用途。几条非常古老的街道横贯这一地区，其中一条从西北斜穿到东南，一直延伸到雅典卫城，另一条沿西部自北向南延伸。这些街道一直在使用，尤其是第二条街道，对广场的

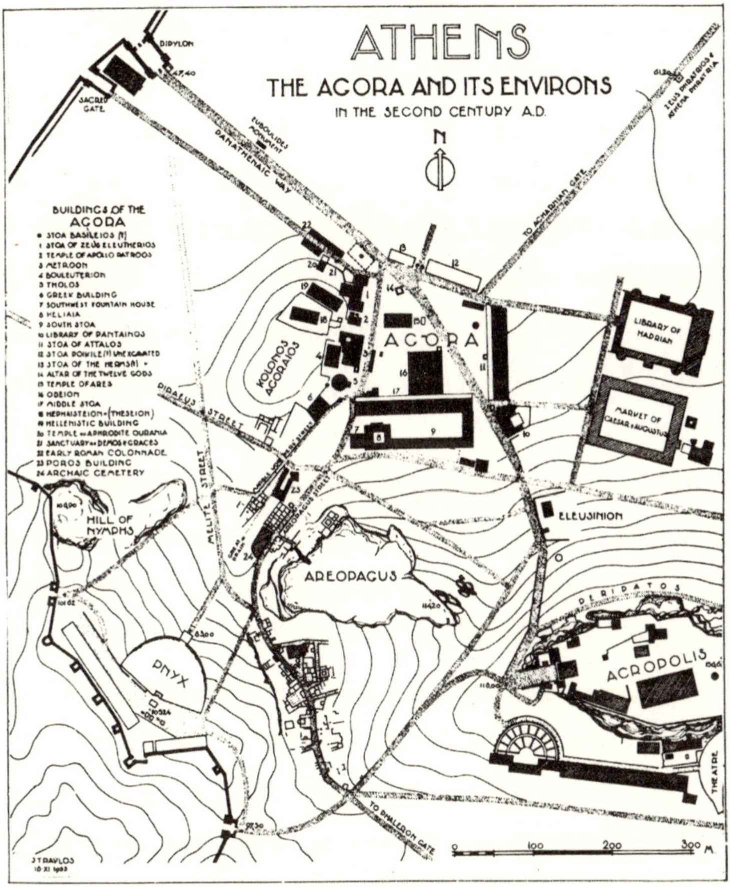

图8 雅典，广场及其周边区域。

最终规划产生了决定性影响。

最早的遗址在市政大厅的旧址上，靠近西侧的南端。它们可以最早追溯到公元前 7 世纪，但大多数古代广场的遗迹都属于公元前 6 世纪。附近建有一些对市民来说十分重要的宗教建筑物。在市政大厅的北面，有一座专为太阳神阿波罗建造的小型拱形神庙。在神庙的另一边，有一座朴素的神殿用于供奉宙斯。因此，早期的城市和宗教中心的雏形正在形成。在市政大厅的南面，有一座奇特的建筑物，它是一个庭院，周围不规则地围绕着一圈石柱，这可能是圆形会场（Tholos）的前身，而后来的圆形会场就坐落在这一旧址上，承担起议会厅的作用。雅典的僭主庇西特拉图（Peisistratus）和他的儿子们，在位期间也作出了应有的贡献。修昔底德描述了他们如何建造雅典最重要的泉水房——恩纳克鲁诺斯（Enneakrounos）。而它到底建在哪里则是一个众所周知的雅典测绘学问题。考古学家在广场的南面发现了一个泉水房，把它叫作恩纳克鲁诺斯，但是至今还没能确定它的身份。城西的街道下方有一条从南至北的大排水沟，被认为是在僭主统治时期修建的，考古学家为了防止水淹将其重新投入使用。考古发现了一些公元前 6 世纪的界石（上面刻着“我是广场的界石”诸如此类的文字），表明了广场在当时已经明确成型。公元前 6 世纪后期，一座供奉十二天神的神庙被设计建造了出来，它充当了希腊道路系统的中心里程碑，表明这个地方不仅被认为是雅典的中心，而且是整个阿提

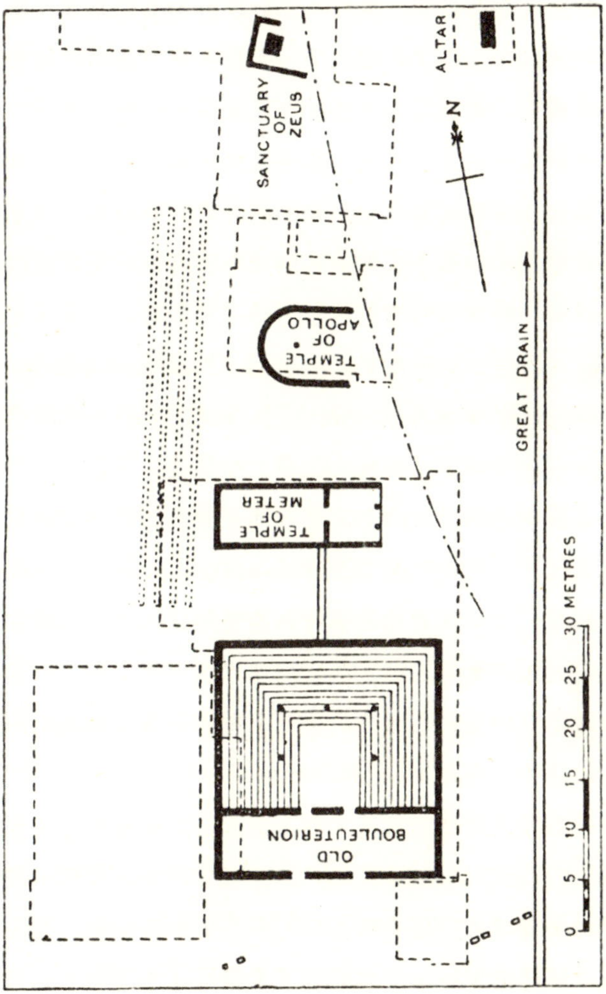

图 9 雅典，广场西侧的前波斯建筑。
虚线所示为后期建筑。

卡地区的中心。在城市北端，美国人还发现了一块与这座神庙相关的小型正方形圈占地。最后，也许是在民主改革家克里斯提尼（Cleisthenes）时代，建造了一所更具典型特征的议会大厅。在其北面不远的地方，建造了一座众神之母的小神庙，议会大厅和城市档案馆长期以来与信仰众神之母的教派有着密切的联系。至此，雅典拥有了一个朴素而庄严的城市中心，主要的纪念碑被安置在一条笔直的由北向南的街道上，使得城市被赋予了某种统一性。我们可以从后期的迹象推断出，市场主要集中在东边，著名的阿塔洛斯（Attalus）市场就坐落在那里。

像卫城和雅典其他地方一样，广场也在波斯战争中遭受了严重的损失，庙宇和公共建筑几乎都沦为废墟。恢复是一个缓慢且逐步完成的过程。事实上，至少部分地区似乎又变成了一个真正的凯拉米克斯——陶工作坊和金属工人的作坊遗迹都在城市西北部被发现了，宙斯柱廊后来就坐落在这里。新的建筑物更加庞大，更加精美，但它们仍被视为独立的个体，其中大部分又再次沿着西侧排列成行。首先出现的是圆形会场，它靠近南端，是一座小巧而雅致的圆形建筑，是市政厅的附属建筑，并供市政常务委员会使用。古老的议事厅可能被修补过，并一度投入使用。直到公元前 4 世纪，众神之母神庙以及阿波罗神庙才得以恢复重建。西蒙（Cimon）对广场很感兴趣，他在广场上种植了法国梧桐树，并把从斯库罗斯岛（Scyros）上找到的英雄忒修斯（Theseus）的尸骨放在一个神社里，而神社的位置至今仍是未解之谜。其家族的一名成员捐资建造了一个柱廊，这个柱廊就是著名的斯多葛柱廊（Poikile Stoa），或称之为画廊（Painted Stoa），它可能坐落于广场北侧，但其遗址至今未被发现。精美的多立克神庙（Doric temple）在公元前5世纪中期后不久就建成了，至今仍几乎完整地矗立在西边的小山上。虽然它不在广场范围内，但它是所在区域内最具特色的建筑物，当这里仍然处于一种相对原始的状态时，它使得这里的外观得到改善。关于这座神庙所供奉的神明的各种主张中，被考古学家大力支持且长期公认的说法是“忒修斯神庙”（Theseum）。赫菲斯托斯神庙（Hephaestus）在当时已经有了明确的位置，尽管关于这点还有一些争论，但附近发现的青铜铸造痕迹证实了金属工人之神的说法。在广场上，仍然为那些不那么引人注目的宗教信仰保留了空间，但这些信仰并没有留下多少遗迹。在赫菲斯托斯神庙建成之后不久，另一座大型多立克式神庙在广场中间建成，至少它的地基是在这里被发现的。但丁斯穆尔已经表明，它最初是建在广场以东的地方，直到奥古斯都时代才搬到最终的地址。不管怎样，直到晚期，广场的中心区域都基本没有大型历史建筑物。几年后，在西侧的北端建造了一座精美的带有突出的三角墙翼（gabled wings）的多立克式柱廊。H. A. 汤普森认为“这座建筑完全继承了伯里克利时代的建筑风格”，它可能出自卫城山门的建筑师之手。它是自由之神宙斯的圣物，可能还是皇家柱廊，和斯多葛柱廊一样有名。最后，在

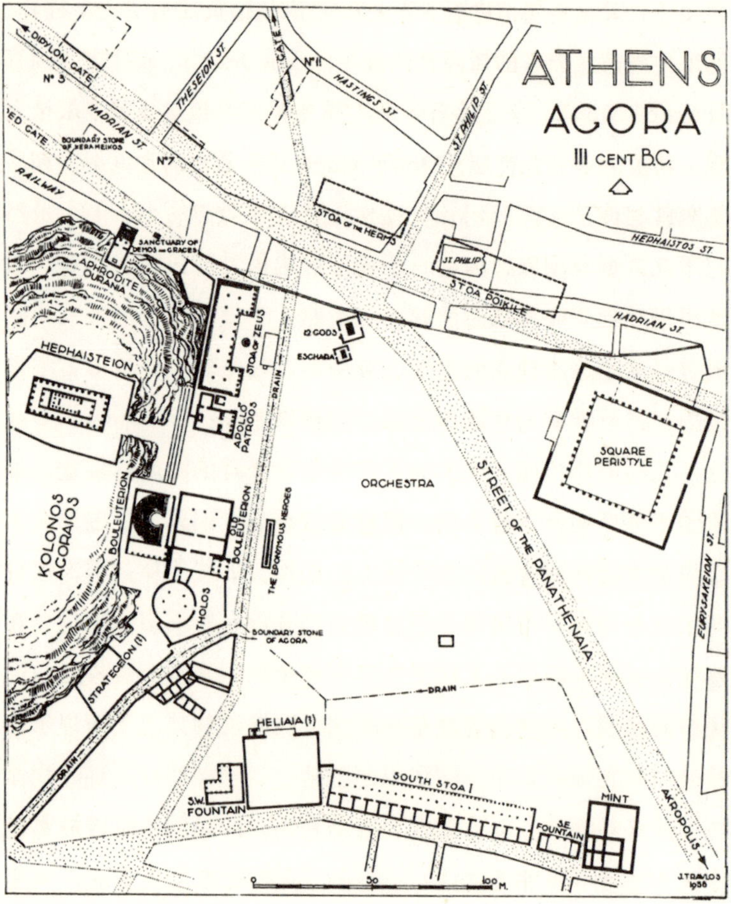

图 10　雅典，广场，公元前 3 世纪。

南柱廊建于公元前 5 世纪晚期，后面的房间可能是商店，也可能是地方法官的办公室。西边与之相邻的方形区域被认为是一个法庭，虽然经过了多次改造，但依旧保持其原始形态。有柱廊的区域建于公元前 4 世纪（从未完工），它取代了一幢公元前 5 世纪晚期的更简单的建筑，这幢建筑可能被认定为法院。位于东南部的造币厂是根据其铸造的硬币来确认的。“管弦乐队”（orchestra）可能标志着原始剧院的所在地。泉水房，见第八章。

公元前5世纪末期，建造了一个新的市政大厅，设计精良，但又低调地坐落在旧址的后面，旧址可能作为档案办公室继续使用。经典的广场至此已经完整了。在接下来的两个世纪里，只做了一些小的扩建——当然，雕像和小型纪念碑一直在增加——直到在希腊君主的赞助下，大量建筑物进行了翻新重建。

重建作为战争破坏后的一项持续工作，公元前5世纪的雅典与米利都形成了有趣的对比，这在今天也不无意义。这两座重要的柱廊作为独立的建筑，完全可以与雅典卫城的建筑杰作相媲美，但唯有与总体规划的协调程度有限，这一点大体上与其古代的前身相似。雅典的新广场属于老式的类型。很难想象它的总体效果，不过人们怀疑它有点杂乱，但也不一定令人不快。文中提到的建筑大多属于“城市中心”，但是柱廊有时也被用于商业用途。市场似乎已经覆盖了东部、北部和西部（尤为可能是东部）的一个无法清晰界定的地区，并有侵占政治广场的倾向。不同的活动领域是分开的，然而广场从本质上来讲仍然是一体的。

科林斯的中心也被完全发掘了出来，但是罗马时期的重建使这个遗址变得非常复杂，有趣的早期纪念碑让人们对古典广场的印象更加模糊。科林斯位于两片海域之间，拥有一座宏伟的卫城，有着重要的贸易和战略可能性。城市向阿克罗科林萨斯山（Acrocorinthus）的北部延伸，中间是一座低矮的小山，古老的阿波罗神庙的圆柱依然耸立在山上。小山的东南方是佩蕾尼喷泉（Peirene），它“一直是科林斯的城市活动中心”。从古时候起，佩蕾尼喷泉以北和神庙山以东的浅洼地带就是重要的中心。在这一地带的西部，人们发现了一系列带有柱廊的公元前 5 世纪的店铺。在山的北面，也有许多在不同时期相继出现的柱廊。在公元前 5 世纪末，山南边的一大片土地被清理干净，最后，这里成为重要的广场。后来，在神庙的南面，沿着北部的边缘建造了一座柱廊，而南部的边缘则是一条很长的柱廊，其中有两排商店，后面还有库房。这片区域还有许多小型神庙，并有多条道路在这里汇合。

伊利亚值得特别一提，因为帕萨尼亚斯对其进行了评论，而且 F. 特里奇将其作为一个老式类型的广场样本进行过仔细研究（老式的，但不是真正的古老。伊利亚成立于公元前 471 年，它的广场是在公元前 5 世纪逐渐成型的）。帕萨尼亚斯说：“伊利亚的广场并未追赶爱奥尼亚城市的潮流……它是按照古老的方式建造的，柱廊彼此是独立的，街道在柱廊之间。”他给出的画面是，广场被街道切分，柱廊分散在周围。人们发现的最重要的建筑物实际上是两条很长的柱廊，它们可能建于公元前 5 世纪末。两条柱廊大致成直角，但它们的形式不同，而且相距很远，远不能形成正方形的两边。神社、祭坛和小型纪念碑也已被发现，加上帕萨尼亚斯提到的办公室、神庙和英雄墓，使得整个画面变得完整。

老式广场和其所属的城市一样，没有统一之处。例如，在锡拉（Thera），古城建在一个长长的山脊上，广场只不过是沿着山脊延伸的一条主要街道的明显加宽的部分，它的最高点就在山顶下方。

考古遗址是广场干枯、布满灰尘的骨骼，要想给它们穿上血肉的外衣，就必须多说一下其中丰富多彩的生活，这一点，文学作品能告诉我们很多，尤其是在雅典。广场在政治中所扮演的角色现在应该已经很清楚了，当论及市政大厅和其他元素时，会更多地提及它。在像雅典这样的大城市里，地方官员越来越多，大多数人都在广场拥有自己的岗位。广场西南部有一整片区域被称为“办公区”。政治与法院紧密相关。雅典拥有卓越的律法体系；奇怪的古老法庭坐落在偏远的地方（帕萨尼亚斯）。但是，伟大的民主法庭希利亚（Heliaea），却在广场中占有一席之地。我们在德摩斯梯尼（Demosthenes）的描述中得知，坐落在皇家柱廊里的阿勒奥珀格斯（Areopagus，雅典最高法院）是如何用绳子阻止那些不守规矩的人群靠近。从一开始，广场就与司法有关。在《荷马史诗》中，我们已经看到一个案件“在广场”上的民众面前被审判。但我们必须记住，荷马（Homer）通常用“广场”一词表示“集会”（assembly）。

城市中心与市集之间并无明显界线。公共建筑和神庙都坐落在广场上，肉、鱼和其他物品也都在同一个广场上出售。“agorazein”一词的意思是去市场买东西，偶尔也会在广场上散步。雅典人的住所专门用来售卖（有时也用来制造）特定的商品，并以这些商品命名（鱼店、蔬菜店、青铜器店、奴隶店和许多其他的店铺）。我们可以从柏拉图的《忏悔录》（*Apology*）中推断，书商的摊位在古老的管弦乐队旁边。在更高的金融平面，银行从业者也有摊位，他们也像普通的货币兑换商一样被称为“桌边人”，但在德摩斯梯尼时代，他们已经是拥有大量雇员的商业巨头了。

“当广场上已经满员时”，比如上午，售卖活动一定是嘈杂而费神的，充斥着讨价还价的声音。鱼贩子的名声特别坏。根据喜剧诗人的说法，这些鱼贩子嘴里说着“粗俗下流的词语”，像蛇发女怪（Gorgons）一样瞪着他们的顾客，出价极高并装出一副“要不要随你”的样子，还将腐烂的鱼造假售卖。大多数城市都会配备名为“agoranomoi”的官员来管理和确保公平交易。此外，雅典还对至关重要的民生相关的贸易设有谷物督察员以及度量衡督察员。我们在碑文中可以读到这样的记载：官员视察广场、街道是否干净整洁，观察雇主和雇员之间的关系。

广场上繁忙的商业生活是民主雅典繁荣兴旺的一个至关重要的因素。但对那些保守的、多少有些恃才傲物的人来说，这些则仿佛卑微、可耻又庸俗。对这些人来说，广场是老百姓的糟糠之地，是懒惰、庸俗和流言蜚语的发源地。我们来通过阿里斯托芬的眼睛观察一下广场。他在《骑士》（*Knights*）一书中这样写道，德摩斯梯尼对卖香肠的人说：“你就是广场上的一个不要脸的流氓。”在他的作品《云》（*Clouds*）里，当公正逻辑和诡辩逻辑在竭力宣扬各自教育制度的好处时，公正逻辑说："你要学会憎恨广场……你将会在体育场上光彩夺目，而不是在广场上喋喋不休。"广场是人们闲暇时常常去寻找志趣相投的伙伴的重要场所，他们在柱廊里、梧桐树下、理发店、酒馆中或铁匠铺的炉火旁。但其结果完全可能是蹉跎光阴，恶意传播流言蜚语，甚至更糟。毫无疑问，亚里士多德不认同一个庸俗的广场（《政治学》），他建议说，应该像色萨利（Thessaly）一样，有一个不从事贸易的宗教性质的广场（显得有点恃才傲物），还有一个用来做生意的广场。注意亚里士多德说的是应该是这样的，而不是说它就是这样的，并以色萨利为例。事实上，希腊人把他们生活中的各种元素完全混合在一起了，不管是好是坏，这种融合在广场上清晰可见。

阿里斯托芬认为广场上不拘礼节的生活中只有邪恶，这是非常不公平的。有些"无所事事的人"闲逛有积极的目的，苏格拉底（Socrates）就是其中之一。在《忏悔录》中，他提醒陪审团，他们不能期待他会说出华丽的辞藻，他们经常听到的是他在广场上所使用的说话方式。在《高尔吉亚篇》（*Gorgias*）中，卡利克勒斯（Callicles）说："你总是喋喋不休地谈论鞋匠、漂洗工等诸如此类的小人物。"用来表达对苏格拉底那些通俗例证的不耐烦。而苏格拉底就是在广场上那些人们的专有角落找到他们的。苏格拉底是与众不同的，但对其他许多人来说，当他们在柱廊里聚集在一起的时候，谈话一定会转向伦理或形而上的主题，讨论是自发、坦率、激烈的。某位演讲者可能有其特别喜欢的地点和时间，以及一群固定的伙伴们，于是，就朝着创立一个哲学学派迈进了第一步。但在公元前 4 世纪时，当普通学校在雅典发展起来，大多想要更静僻的场所，有时还会在城郊的体育馆里发现学校的课堂。但自由而富有活力的广场精神对希腊的哲学理论作出了重要贡献。

宗教元素遍及整个广场。公共建筑供奉着神明，到处都是祭坛和神社。弗戈瑞斯在关于曼提尼亚的文章中写道："广场是一个神圣的地方，保护神祇所居住的神圣空间，是传说中先祖和伟大公民的灵魂出没的地方……围绕在公共的壁炉周围，人们呼吸感受着遥远的过去、共同的荣耀和爱国虔诚的氛围。"这有点扯远了，回想一下弗戈瑞斯对卫城的描写。在雅典，要摆脱眼前的氛围一定是很困难的，广场的任何地方都没有一种寂静的气氛。除了与公众生活紧密联系的宗教，还有各种各样的信仰类型。赫尔墨斯（Hermes）作为商人的守护神，在某种程度上也是市场之神。英雄的神社通常会有英雄或传奇创造人的坟墓，也很常见。

广场在节日和运动会中所扮演的角色，以及它与剧场之间的联系前文已经提及。许多有趣的传统保留了这种联系。在斯巴达，广场的一部分被称为"Chores"，在裸体青年节时（Gymnopaedia）年轻人为纪念阿波罗而在此舞蹈。在伊利亚，广场则被称为"竞技场"（Hippodrome）。

最后，宗教和政治生活都与艺术紧密相连，你会再次发现艺术也在广场上集中展示。除了奥林匹亚（Olympia）这样著名的全国性宗教圣地之外，再也没有任何地方能像一个伟大、古老城市的广场那样，让人能够看到如此壮观的神庙、柱廊和其他精美建筑物的集聚，还有围绕在其周围的一排雕塑，许多小城市也有自己的杰作。柱廊上的精美绘画值得特别一提。虽然这些绘画现在已经完全消逝了，但在它们的时代，它们能与最精美的雕塑相媲美。

我们还要看到广场在希波达玛式城市中的地位。我们对比雷埃夫斯的希波达美亚广场所知甚少。显然，它在公元前4世纪时仍然是相当开放的，因为我们听说它上面建有一座房子。帕萨尼亚斯说，比雷埃夫斯有一个沿海广场和一个内陆广场——这并不常见，但我们应该记得，比雷埃夫斯并不是一个真正的城市，而是雅典的一个港口小镇。在沿海的商业城市里，广场虽然常与港口联系密切，但它绝不仅仅是码头的扩展，而是更为重要、更为不同。在米利都，我们会看到，广场区域倾向于分成靠近港口的北部和稍微远离一些的南部，但它基本上仍然是一个整体。

米利都能让所有的研究得到最好的回报。在公元前4世纪之前，建筑的发展几乎停滞不前。在最早的重要建筑中，有一个大规模的类似房屋的结构，占据了两个住房区（在米利都，一个住房区为一个普通计量单位），这可能是一个市政厅，后来被并入广场北部的建筑群中。一条长长的柱廊与比雷埃夫斯港旁的柱廊一样，朝北对着海港建造，后面也有小房间。柱廊西端的短翼在向北折过去，它的对面是阿波罗·德尔菲尼奥斯（Apollo Delphinios）神殿的围墙。柱廊后面是一个有石柱的方形庭院。新广场建筑方案中首先要建造的是海港建筑，它们除了给小镇提供了一个良好的滨水区之外，还为商人们提供了便利，在米利都恢复商业繁荣之时，首先得到发展的自然是海港区。

在这个建筑群中，爱奥尼亚式广场规划的显著特征开始呈现出来。装饰这些古老城市广场的建筑师创造了多种形式的柱廊，它们作为一个整体，无论是在实用性上还是艺术价值上都十分令人满意。爱奥尼亚的建筑师探索并实现了将柱廊以直角相组合的可能性，并将它们融入矩形的街道系统中，从而形成有效且令人印象深刻的设计方案。正如我们在米利都看到的那样，设计方案有各种各样的可能性，人们不需要选出一个特定的组合作为常规类型。在发掘出更好的例证之前，人们通常认为理想的结构是四个柱廊完全包围住一个矩形的空间。这一想法尽管已被彻底证明是错误的，却已经根深蒂固，很难改变。维特鲁威（Vitruvius）肯定地说，希腊人在“方形框架”中建立了他们的“城市广场”，但他描述的是一种晚期类型。我们马上就会看到列柱围廊式“广场”所起到的有限作用，而一种所谓的“马蹄铁形”布局则屡次被发现非常实用。在这种布局中，

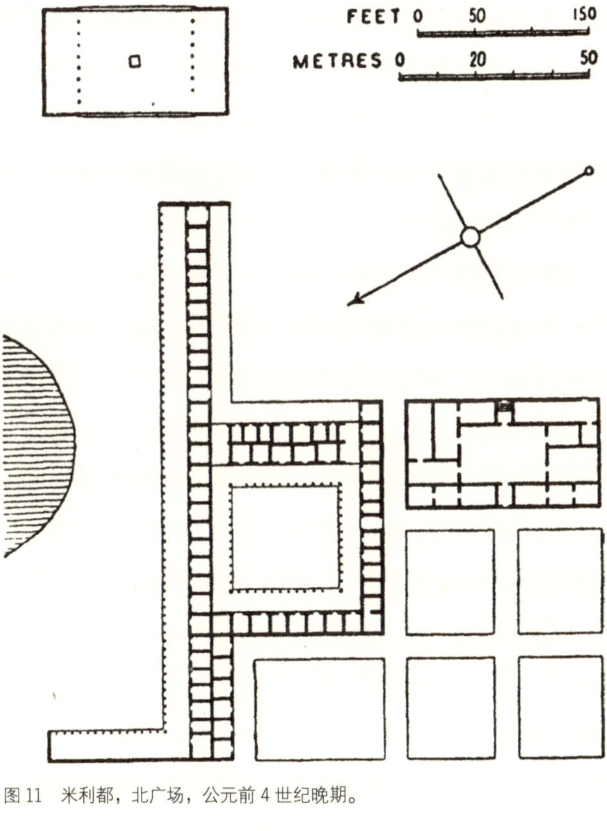

图 11　米利都，北广场，公元前 4 世纪晚期。

三个柱廊形成了一个矩形的三条边，第四条边通常是由一条建有各种公共建筑物的重要街道或另一个较远处的柱廊所形成。

返回到米利都，“马蹄铁形”布局经过改良后被引入，且在广场南部建筑群中广泛应用，公元前3世纪期间建筑工程主要集中在那里，但可能在更早的时候就已经规划好了。在东边，有一条长长的柱廊，由一个单独的石柱廊和后面的三排房间组成，这些房间应该是商店和库房。正对它的西面有两个L形的双排列柱的柱廊，其中只有南边的柱廊后面有房间。因此，与普里埃内相对应的南侧不同，这里的西侧并不是一个连续的柱廊，它为人们提供了通往广阔空间的额外途径，但设计的统一性和富丽堂皇几乎没有因此而有所减弱，也没有因其构建过程的实际情况而受到影响。它的建筑过程非常之长，且可能分为几个阶段。它的南翼，似乎是有两层楼，其建造过程可能持续到公元前2世纪中期。建筑师接力完成了这项伟大的工程，保持了它的统一性，并使它与米利都的总体街道规划保持协调。

冯·格尔坎说，南广场被认为是“国有市场”，而东边的柱廊区作为重要的且可能是早期规划的一部分，是贸易区域。柱廊的庞大规模，以及它们不受空间阻碍的开放性和自由性，可能赋予南广场比北广场更多的庄严感，但这两片区域又不能明确区分对待，也不能在功能上相互对立。公元前175年至前164年，随着议会大厅的建成，南北广场之间便成了米利都的政治中心。议会大厅是一个有顶剧院，前面有一个石柱廊的

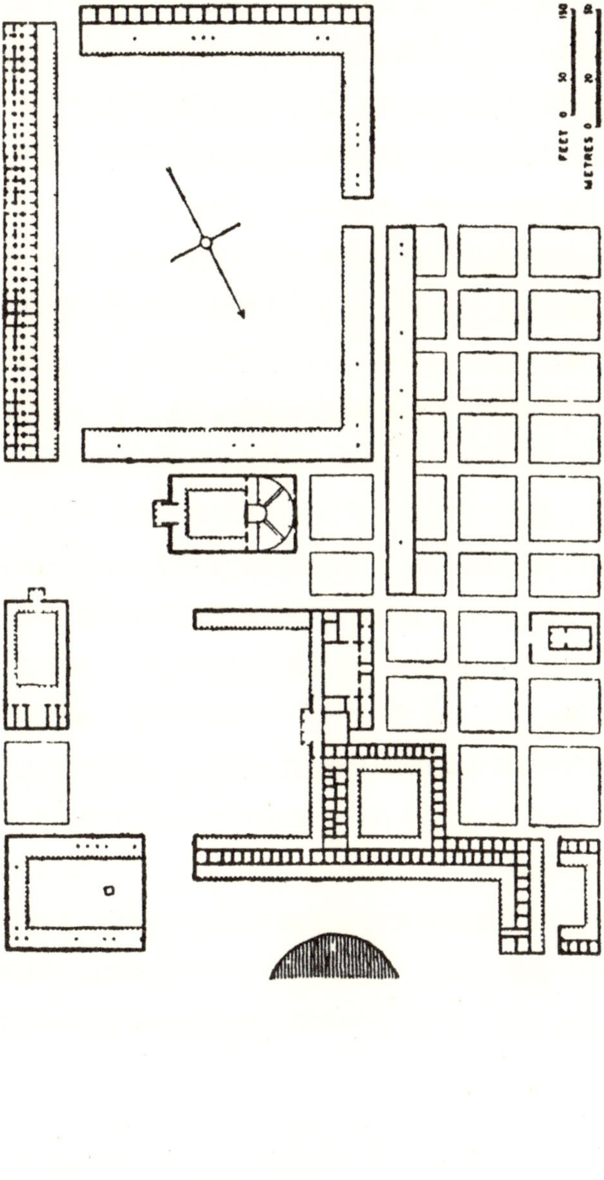

图 12 米利都，广场，公元前 2 世纪中期。

庭院。

一段时间以来，北部建筑群除了在西翼后面了多了一个小型“马蹄铁”之外，几乎没有进行任何扩建。但在公元前2世纪中叶，随着东南部增加了一个L形的侧翼，另一个更大的“马蹄铁”就形成了。一座可能是小型神庙的建筑在长长的西侧低调矗立，石柱廊偶然为它提供了一个漂亮的前院。在这样的布局中，我们看到了某种严格的轴向设计的倾向，但并不十分明显。强调明显的轴对称并不是爱奥尼亚广场的特色。神庙对面的东侧在一段时间内没有新建筑，再往东边一些，在德尔斐尼翁（Delphinion）带柱廊的庭院的南面，建立起了一座长方形的体育馆。

在这一阶段，即接近希腊化时代末期和罗马统治时期之前，米利都的广场已经达到了一种相当发达和令人满意的形式。随着罗马共和国统治下的亚洲在经历了一段萧条时期之后，那些罗马帝国时代的重建建筑可以根据当时的流行样式使其更加精美和复杂化，而无须采取任何实质性的改良措施。要达到这个阶段，我们必须追踪其成长的过程，直至希腊化时代。然而，尚未有任何可以被称为明确的希腊化或非古典的重要元素出现。建筑师在城市原有的矩形街道规划的指导下，充分利用了留给他们的机会，建造了一座伟大的城市。议会大厅是政治中心，一侧是一个滨海广场，而另一侧是南广场，主要用于不直接与海洋有关的事务、消遣和综合用途。这种设计简洁大方，美观

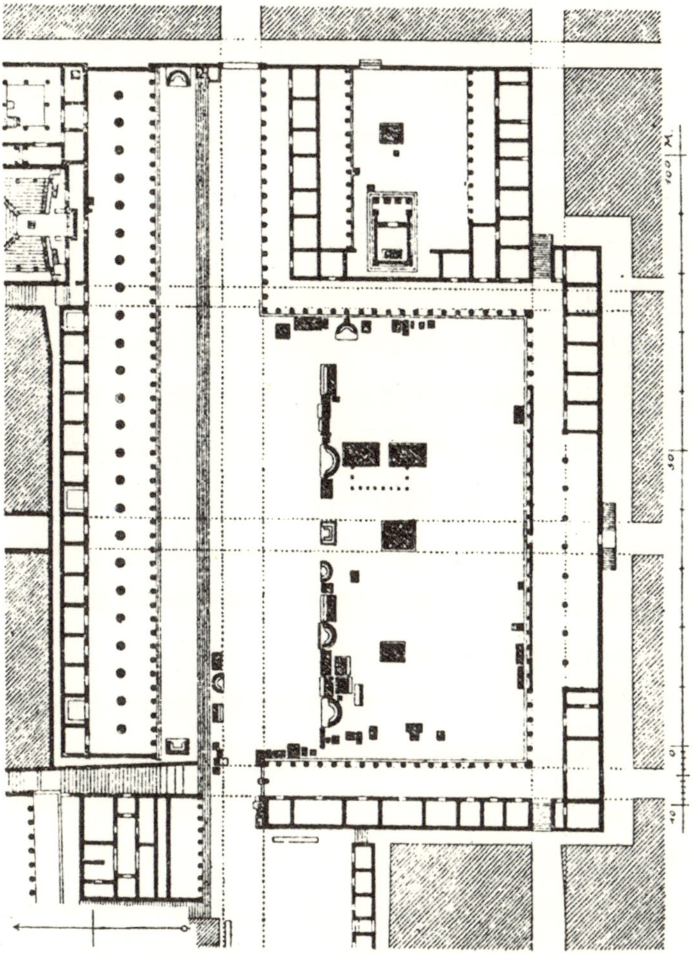

图13　普里埃内，广场。

实用。

普里埃内则简单得多，虽然小，却具有类似的特征。在公元前 4 世纪，广场与城市的其他地方一起进行规划。两个完整的住宅区或公寓楼房区被空出来；其北面有一条重要的东西向街道，为了增加开放的空间，东边、南边和西边的三个柱廊构成了一个“马蹄铁”建筑，建在了这两个楼房区的边缘外侧，从而迫使街道大幅度向外，尽管南街的原始线路继续经由台阶通向南廊，但这仍是一种不同寻常的安排。三个柱廊的后面是商店，但是南侧柱廊的中间部位却没有商店，而是将柱廊变成了双重的，从而形成了一个大厅。雅典娜神庙从西北方向俯瞰着广场，宙斯神庙和东侧柱廊背靠背，坐落在它自己的小庭院里。像往常一样，广场上的柱廊不会沦为神庙的背景，他们完全因为自身的作用而矗立在那里。广场中心矗立着一座祭坛，北街两侧和柱廊前面，聚集着其他小型的纪念碑，但是柱廊所围住的区域是没有大型建筑物的。

西侧柱廊后面有一小块区域打算用作鱼肉市场，人们在那里发现了石桌。我们再次发现人们对商业活动的隔离倾向，但即便是在这些精心规划的地点，它也没有被移得太远。广场仍然未能依据功能进行明确的划分，而拥有政治、商业两个广场的情况更少。柱廊则仍然服务于各种各样的目的。柱廊房间的功能通常很难辨认，大部分是商店，一些是政府办公室，还有一些是神庙。在普里埃内，市政建筑大多在北边，但仍然是广场的组成部分。公元前 2 世纪，在广场北侧，宏伟的北柱廊被建造起来，取代了其较为朴素的前身，并在其东端形成了一个立面，用于集会室和市政厅。北柱廊被称为圣柱廊，它包括神社、公共记录室和办公室。总而言之，普里埃内的城市中心建筑精美，且极好地适应了市民的需要，它完美地与城市的设计融为一体，为往往会变得杂乱和单调的棋盘形规划提供了一个有机的结构。

另一个爱奥尼亚城市，迈安德（Maeander）的麦格尼西亚（Magnesia）将为我们提供第三个例证。公元前 4 世纪，该城市被迁移到一个新的地点，在接下来的一个世纪里，广场逐渐形成。它在矩形街道规划中占据了六个住宅区的面积。古老的阿耳忒弥斯（Artemis）新神庙及其有柱廊的庭院，保留了明显不同的朝向，而在神庙与广场相连接的地方，广场明显占据最佳位置，朝圣区被斜向隔断了。一座宙斯的小神庙矗立在广场的空地上，但由于它很小，而且不是在中心位置，实际上几乎不比最重要的小型纪念碑大多少。宏伟的双柱廊是在整个设计中最重要的特色。这个广场在规模上仅次于米利都的南广场。它不完全是长方形的——它的长边向南稍稍靠拢。它的“马蹄铁”由两个长边和一个短边组成，而非通常的两个短边和一个长边。这种规划显示出一种更完整的封闭的趋势，且这种趋势越来越明显。在北面和西面的柱廊后面有许多房间，其中大部分是商店，还有两个神庙和一个泉水房。在南边独立的柱廊的西侧后

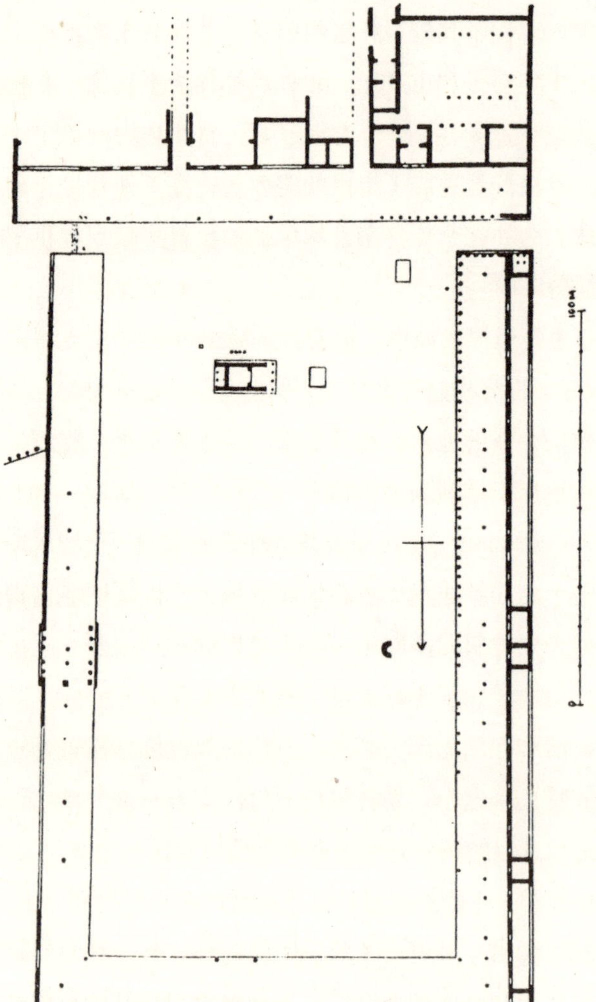

图 14 麦格尼西亚，广场。

面，似乎是一个议会厅。我们会再次注意到，与广场相连的建筑物具有多功能性。

米利都和普里埃内，以及稍小一些的麦格尼西亚，能够在它们发展历史的这一阶段被作为真正的“爱奥尼亚式”广场的样本，这种类型是为了适应希波达玛式的城市规划而进化出来的。这种类型更是完全意义上的经典的希腊广场。与老式广场相比，它们在形式上有明显的不同，这产生于摆放柱廊的新方法和强制实行的严格秩序，但两者在精神上也有相似之处。真正的希腊广场是城市的内部区域，是核心，与城市的结构紧密相连。公共活动在这里集中、融合。希腊人并没有把生活安排在整洁的不受外部影响的隔间里，而是让每一种元素互相作用，广场正是这种精神的表现。这一切都适用于爱奥尼亚式的广场，只是稍加改良。市民的活动在那里相融合，各种各样的能量自由地流入。广场仍然直接参与到街道系统中，并没有与其他事物相隔离，而是与之紧密相连。因此，虽然在希腊化时代才得以完成，但人们可以将爱奥尼亚式的广场称为经典的希腊产物。它是希波达莫斯作品的延续，体现了设计的庄严、克制和有序。尽管公元前 5 世纪的形式上的精致细腻已经不复存在，但其仍值得在希腊建筑的显著成就中占有一席之地。

即使在小亚细亚，爱奥尼亚式也并未被普遍采用。不太规则的广场仍在修建，与此同时，更彻底的新希腊化理念也被付诸实践。阿索斯（Assos）的广场是不规则的，但它的南北

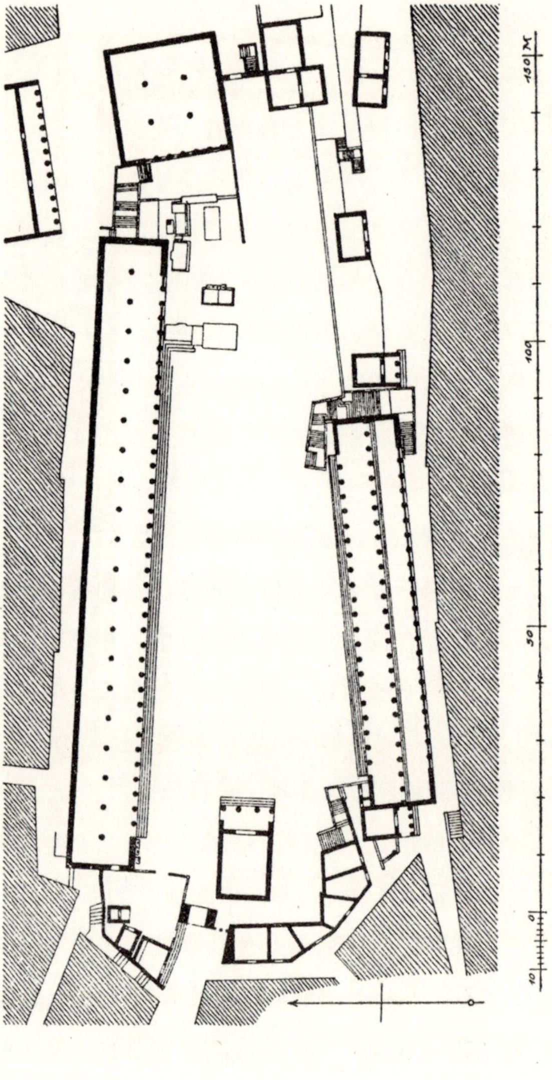

图 15 阿索斯，广场。

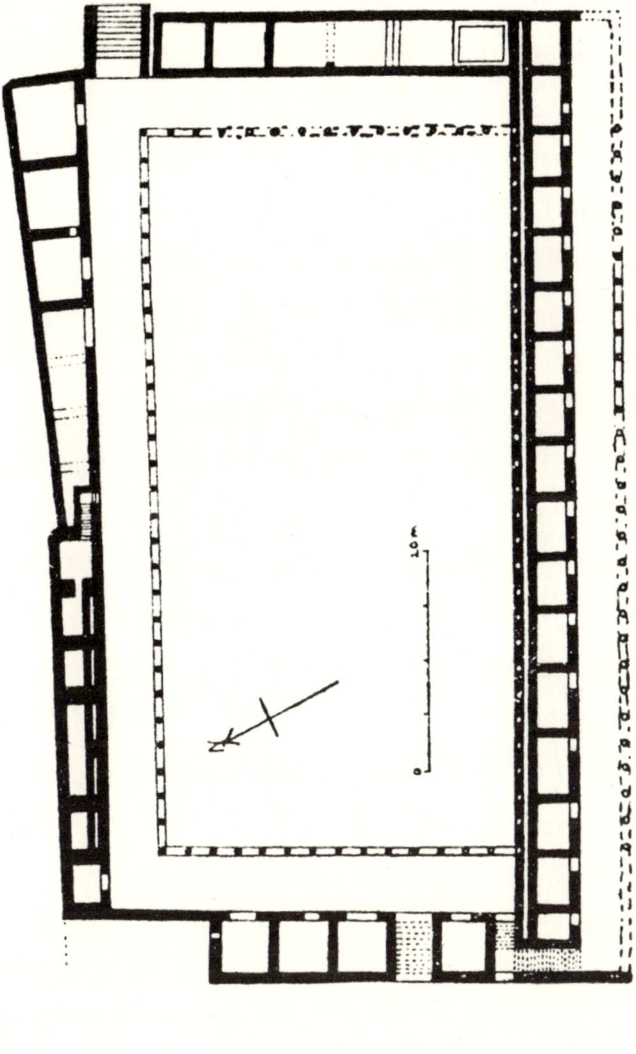

图 16 帕加马，下广场。

两侧由典型的帕加马式长柱廊组成。帕加马有两个广场，位于下方的广场是细长且不规则的四边形，完全被两层的石柱廊包围，是一个很好的市场建筑物，但不是一个完全意义上的广场。冯·格尔坎说：“它不是城市规划中的一个元素，而是一个独立的建筑，与周围的环境相分离。”“上广场”则是其卫城规模宏大的建筑设计的终点。宙斯大祭坛的巨型台阶切入其中，它以一种高度复杂的形式再现了广场对卫城的古老的依赖。

希腊化时代的得洛斯岛（Delos）是一个有趣的对比，并偶然出现了几个兴趣点。在希腊化时代，这座与阿波罗有关的神圣岛屿成为一个巨大的国际市场，它在建筑上的发展是惊人的。各个君主和贸易公司都参与了其建设，最终在一定程度上缺乏平衡性和统一性。广场集中在阿波罗圣地以南和海港以东的区域。公元前 3 世纪至前 2 世纪，这里建起了许多柱廊，它们之间形成了一个粗略协调的体系。大型仓库沿着码头向南延伸（图 17.3），在北部也是具有商业和社会重要性的宏伟建筑。引人注目的多柱式建筑大厅（Hypostyle Hall）是一个交易场所。得洛斯岛最大的单一建筑物是“意大利人广场”，于公元前 2 世纪末由数量庞大的商人团体共同建造，是一个聚会的场所。这是一个巨大的四边形庭院，完全被多立克式柱廊所包围，柱廊后面是房间和开放型室外谈话间。这种专用和独立的形式是十分恰当的，因为它并不是一个大众广场，而是一个私人俱乐部，但这个概念却与真正的希腊广场规划大相径庭。总而言之，得

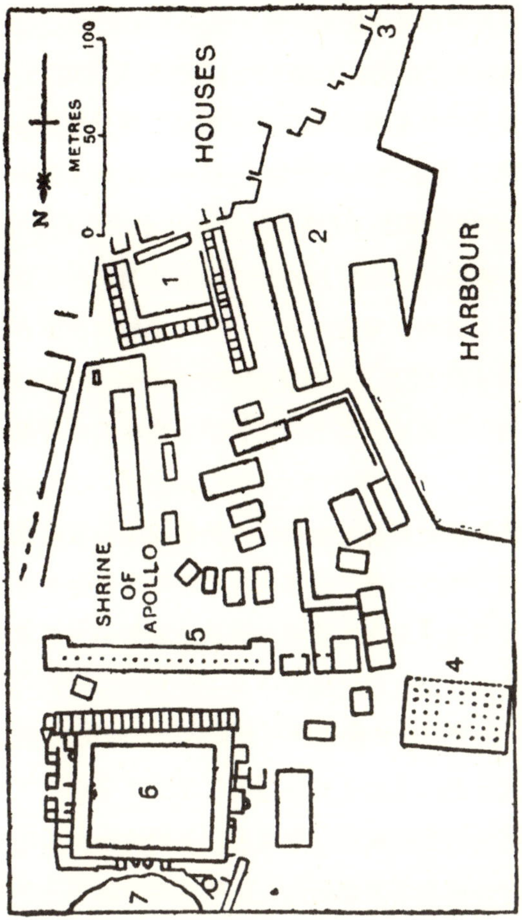

图 17　得洛斯，中心区域。

1. 广场；2. 菲利普柱廊；3. 仓库；4. 多柱式建筑大厅；5. 安提柯柱廊；6. 意大利人广场；7. 圣湖。

洛斯岛的中心地区形成了一个世界性的希腊风格贸易中心，周围环绕着神庙以及古老的阿波罗神社的柱廊。它具有老式广场的不规则性以及可能更少的统一性。

意大利建筑的形式提出了关于围合的列柱围廊式（peristyle）庭院在广场规划中所扮演的角色的问题。认为列柱围廊式是广场的理想形式（普里埃内类型处于这一进程极盛期的中间阶段），这一观点貌似合理，但是，如果我们对广场真实本质的看法是正确的，那么从观念上讲，列柱围廊式与两种经典的广场类型均不相同。这种类型完全封闭，与周围城市相隔离，包含着一种格格不入的因素，从而使它完全不足以成为一个广场。如果有什么地方能够接近理想的话，那么它就在米利都和普里埃内。

在公元前 4 世纪和希腊化时代，列柱围廊式庭院在建筑中扮演着越来越重要的角色。它被用在房屋、体育馆以及宗教和城市建筑物的前院建设中。它可以作为广场的一个要素来充当市集建筑，我们已经见过这样的样本，在雅典还可以再增加一个示例。一座公元前 4 世纪或前 5 世纪晚期、面积为 59 平方米的列柱围廊式建筑，遗址在阿塔洛斯柱廊下被发现。在希腊化时代后期和罗马时代，在这一原则上，人们更倾向于把主要的广场区域作为一个整体来规划，使其依靠自身成为一个封闭的建筑。城市生活已经失去了它原有的品质，广场也没有那么重要了，与各种社会活动的关系也不再那么密切。在某些情况下，罗马广场（Roman forum）的影响明显在起作用。这种广场虽然形式多样，但总体趋势是成为一个独立的单元，与街道和城市的其他部分隔绝。以弗所（Ephesus）大广场就是一个令人印象深刻的列柱围廊式广场，面积超过了110平方米，其遗迹主要是罗马帝国时期的建筑，但它仅为其余众多建筑物中的一座，只不过更宏伟一些。当广场变成了一座纯粹的建筑物，无论它有多么宏伟，都意味着这座城市在某种程度上的瓦解。

在希腊化时代后期和罗马时代，这一流行趋势对米利都、麦格尼西亚均产生了影响。在麦格尼西亚，人们在广场南侧的街道上修建了柱型出入口。在米利都，北广场“大马蹄铁”开放的东侧已经完全建成合拢。在2世纪，建设活动蓬勃发展，其标志不仅是对大型开放区域更加完全的封闭，还包括当时流行的过度且无功能的建筑设计。南广场被改造成一个正规的列柱围廊式广场，并在其东北方向设有一个宏伟的入口。不远处，在正对议会大厅的地方，建立了水神庙（Nymphaeum），那是一座大型泉水屋。米利都的广场区域在哈德良时代（Hadrian）最为鼎盛，但是对盛行潮流的适应往往破坏了柱廊开放、空灵和质朴的特性，并削弱了它作为一个广场的特征。

在希腊的一些老城中，有一种使广场正规化的趋势，但没有很深远的影响，也没有达到爱奥尼亚式的紧密协调。长长的柱廊沿着广场的各边建造，将它粗略的矩形轮廓界定得更加清晰。正如我们所见，这就是在科林斯、梅格洛玻利斯（新建城

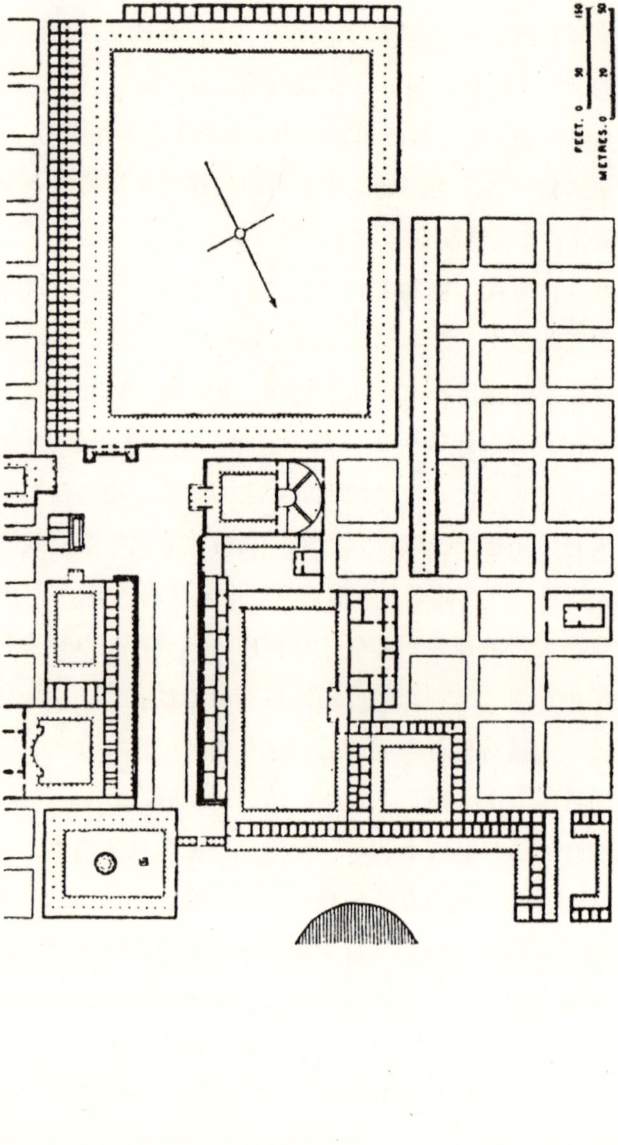

图 18 米利都，广场，2 世纪。

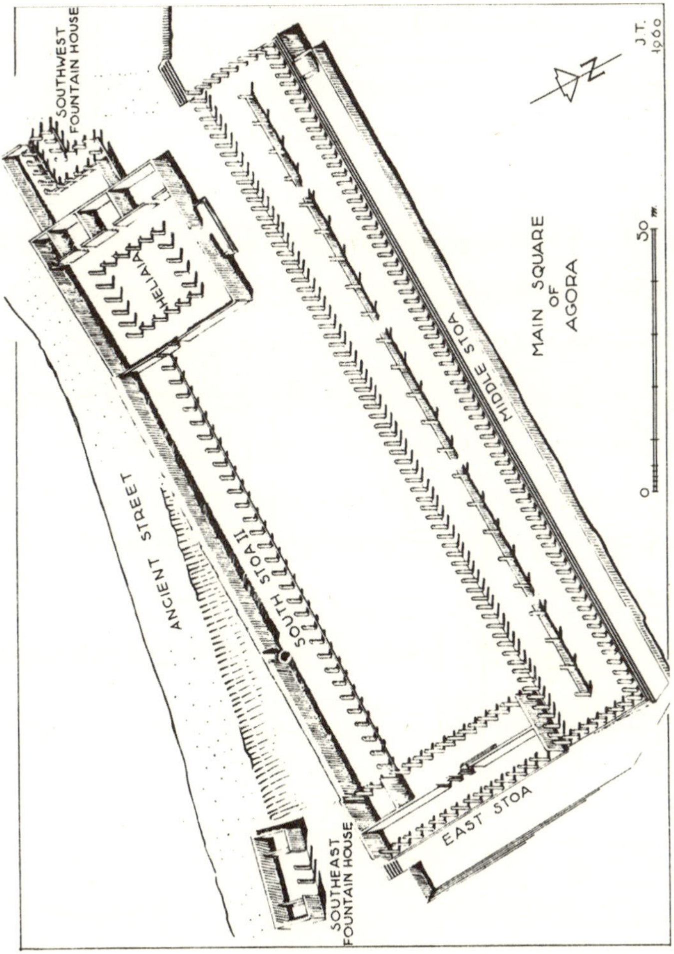

图 19　雅典，广场，南区的希腊化发展。

市），甚至在雅典所发生的事情。在雅典，公元前2世纪的广场在外观和特征上产生的令人惊讶的变化，已经通过发掘被揭示出来。阿塔洛斯柱廊，沿东侧延伸超过100米，早已为人所知。现在看来，这是一个范围广阔的建设计划的一部分。一条长达150米的巨大柱廊，横贯广场的南部，与阿塔洛斯柱廊成直角，但又与其完全不同，它的四周有开放的列柱。与这条柱廊平行，有一条简单且稍短的柱廊，标记出了广场的南部边界。要想使沿西侧排列的老建筑与新元素协调一致，很难实现。但在广场南端的众神之母神庙，重建了一个近39米长的石廊，形成了一个面向那些混杂在一起的房间的外立面，且与绕柱式柱廊之间产生了一个小小的锐角。广场，或者至少是广场的一部分，现在已接近一个规则的有柱廊的广场，但它在形式上不是爱奥尼亚式的，事实上，帕加马式的影响是很明显的。东柱廊与帕加马的阿塔洛斯二世有关（Attalus Ⅱ of Pergamon），柱廊使用与帕加马式相似的类型。众神之母神庙封存着雅典的档案，类似帕加马的图书馆。

第五章

神社和官方建筑

我反复强调神庙是希腊建筑的精华之所在。我不期望能在评判上做到完全公正，只是试图指明神庙在城市规划中的位置，并谈谈它的基本形式。这种方法有一定道理，因为大多数标准的希腊建筑作品正确地将大部分空间分配给神庙，其发展和古典形式的改良，当然也包括严格秩序，尽管也被用于其他房屋，却与神庙最为密切相关。

首先，希腊建筑与希腊生活一样，宗教和世俗之间没有明显的界限。整个城市，实际上是整个国家，都崇拜众神，特别是某些特定的神。就如同雅典娜（Athena）之于雅典（Athens），赫拉（Hera）之于阿尔戈斯（Argos），等等。这种关系可以用不同的方式表现出来，众神凝视着这座城市；这座城市属于神，从某种意义上说，它是神的神庙，并用来献给神。卫城有其特殊的神圣性，广场也是如此。街道与赫尔墨斯有着特殊的联系，在雅典，他的柱状雕像大量地矗立在街道周围。这里的城墙不像拉丁文里的城墙（pomerium）那么神圣庄严，它是城市的外围地带；正如我们所见，它们形成了一个松散的框架。柱廊和其他公共建筑都是用来供奉神灵的，里面有祭坛和雕像。剧院是狄俄尼索斯（Dionysus）的神庙，体育馆附属于各种各样的神庙。最后，每个房子里的壁炉都十分神圣，院子里也经常矗立着一座祭坛。这种普遍性的宗教元素对希腊人来说是非常真实、具体的；当它开始退化为一种形式，神圣和世俗之间的裂痕扩大时，意味着一些希腊精神中重要的东西正在流逝。

各种因素会使得一个地方变得神圣。洞穴、树丛、山顶、泉水、溪流、大海等物理特征让人肃然起敬。正如我们刚才所看到的，人类生活的不同的中心，无论是公共的还是私人的，都有他们自己的宗教信仰。国王的房屋和灶台尤其被神圣化，接着，重要的神庙和带公共灶台的市政厅同样被神圣化。开国者的坟墓是英雄的神庙，许多历史伟人和爱国者的坟墓也是如此。战争和其他历史事件源于各种各样的宗教信仰。有时当一种新的宗教信仰被引入时，实际的方便和审美的考虑决定了其神庙的位置，而非传统。另外，一些著名的神庙所在的地方的神圣性可以追溯到前希腊时代。希腊人小心翼翼地接管了它们，并将自己的神灵安置进去（或许会为其前身设立一个龛位），并以自己的方式发展着这块圣地。曾经神圣的地方，现在还依然固守着它的圣洁。

神庙（temple）和神社（shrine）远非同义词。每一个大城市都有很多神社，但那些我们认为具有希腊特色的美观的列柱围廊式神庙，只是少数杰出的神社才能拥有的奢侈品。只需要一块土地或一个供奉给神的自然或人造的物体，就可以建造神社。为了保护这个地方不受侵犯，界线必须用简单的标志或界石来确定，或者用栅栏或墙围起来。如果要定期举行祭礼，就需要一座祭坛。祭坛和边界线是基本要素，可能会建立一个神的肖像，还可能建立一间庙宇。在大的神社里，最终会增加各种各样的建筑。在古典时期，最简单和最复杂的神社是共存的。

鉴于它们的起源和形式各不相同，神社在城市结构中没有明确位置，也就不足为奇了。正如我们所看到的那样，它们坐落在城市的任何地方——卫城和广场，到处都有它们的身影。最古老的神社甚至比城市大部分地区都要古老，城市在它们的周围生长，它们仍然嵌入城市中；另外，重要的神社有时会建在离城市很远的地方，并通过游行大道与城市联系在一起。对于雄心勃勃想要规划新建筑方案的建筑师来说，古老的神社可能会造成棘手的问题。在雅典卫城，众多的传统圣地与公元前5世纪的精美新建筑之间的关系需要做些微妙的调整。这种妥协的结果是古代与现代鲜有地并存在一起，而它则恰恰是希腊最独有的特色。无论是靠运气还是靠判断，大型神庙往往被安排在很好的位置上。在卫城也是如此。科林斯的阿波罗神庙和雅典的忒修斯神庙，被安排在地势较低但地位显赫的位置，在那里，它们占据了整个城市四分之一的面积。古城里产生的这些良好效果，即使不是完全无意的，也通常是以非正式的方式获得的，几乎没有使用轴向规划以及其他类似的人为手段，将神庙衬托得更加精美。尤其是在广场上，人们找不到中央或轴向位置来放置神庙，于是广场就扮演了神庙前院的角色。神庙通常是坐西向东的，东面是正面，但这不是一个不容违背的规则，可以因地制宜。神庙的正面并不像典型的希腊罗马（Graeco-Roman）形式那样被着重强调。

在希波达玛式城市中，情况有所不同，但并不像人们想象的或者像某些古代作家以为的那样完全不相同。亚里士多德比较喜欢“神圣的广场”。他在《政治学》中写道：“把这些房屋分配给神是再合适不过了……应该有一个合适的地点，而且对所有人都一样。”但是基于常识，他又附加了一句“保留条款”：“除了那些因法律或阿波罗神谕而被指定为特殊场所的庙宇之外。”柏拉图建议将神社集中在广场周围，与政府建筑在一起。色诺芬（Xenophon）说，神社应该是所有人都能看到，“但不容易接近的”。帕萨尼亚斯赞扬塔纳格拉（Tanagra）的人民，因为他们的神社远离住宅，“在远离人类的洁净之地”。但是这些作家和理论家所描述的并不是常规情况，而是他们认为的情况或者是一些例外。完全将神社进行隔离，并把城市神圣区域进行精确划分，是古希腊不曾出现的情况，后来的规划者也没有过多实施。

在希波达玛式城市，除了卫城卸下了其宗教的重要性之外，神社的分布和以前大致相同。那些有神社的地方，是由于其自身具有优势，但这并不包含城市中的主要神庙。在普里埃内以北的大山上就没有重要的神社。而在下城，出于方便和建筑效果的考虑，神社四处分散。不同之处在于，可以更加有意识地分配场地，而且神社及其寺庙的朝向也是为了符合街道规划，即使这样做会使它们偏离正常的东西朝向，例如在米利都所见到的那样。而一个比它周围的城市还古老的神社，可能会不顾新的规划而保留其原来的朝向，就像我们在麦格尼西亚看到的那样。一个、两个或更多的街区被分配给各个神社，它们的矩形形式自然而然地产生了一种更统一的类型。

通过零星增加各种建筑，古老的神社慢慢发展起来，就像广场或者整个城市一样。那些最伟大的神社、国际会场，如奥林匹亚，最终成为名副其实的城市——只是没有住宅。在最伟大的神社和带有祭坛的简单围栏之间，每个中间阶段都贯穿始终。首先考虑原始元素。圈占地范围可以是任意形状，有时会极度不规则。如果这种宗教信仰变得越来越重要，那么它将不得不进行扩展，甚至经历多次扩展。围墙从纯粹形式上的边界变成了真实强大的防御工事，以防神社遭受攻击，如同在伊洛西斯（Eleusis）一样。从古代开始，入口通常有山门装饰，其基本形式是门廊，一般来讲是柱状的，但也不总是如此，墙的内外两侧都各有一个实际的出入口。这种简单的类型在米诺斯式和迈锡尼式建筑中都有先驱者，可以通过增加门廊的柱子和各种样式的翅膀来使其更加复杂。公元前 5 世纪雅典卫城的通廊山门尽管表面看起来很复杂，但都是以古代的山门为基础的。最简单的祭坛形式是一个小土丘，或者是献祭的动物（或人）的骨灰。奥林匹亚的宙斯大祭坛虽然规模很大，但始终是一座灰坛。石祭坛变得越来越华丽，帕加马的希腊化的宙斯祭坛、麦格尼西亚的阿耳忒弥斯神庙和普里埃内的雅典娜神庙成为伟大的建筑作品，它们已经完全超出了其应有的功能和古典祭坛的朴素形式。当建造神庙时，祭坛通常会建在它的前面，面向东方，里面可能有一个附属祭坛，用于小型的祭祀。

图 20 显示了阿菲亚（Aphaia，一位与阿耳忒弥斯有关的当地女神）神社，坐落在与雅典有一段距离的埃伊纳岛上。这种信仰可以追溯到史前时代早期，但已知的第一个建筑遗迹是在公元前 7 世纪，当时神社的布置可能与此处所示的相似，但更简单且面积更加有限。公元前 6 世纪初期，进行重建的神社包含了一座庙宇（其内部布置一定程度上是假设的）、一座祭坛、一面设有山门的围墙以及在外部露台上朝西的祭司位置。早在公元前 5 世纪，大约是在被波斯人洗劫之后，这座神社就被大规模地重建起来。露台被大大扩展并规范化。另外，建造了一座四周有柱廊的精美的新神庙，以及一个朝东的大祭坛，前面有一块铺好的仪式场地。附属建筑也大大扩建了。一条令人印象深刻的轴线贯穿整座神庙，神庙东面有一个斜坡，祭坛有铺面，且两边各有两个大基座，可以摆放大量塑像。但这一原则

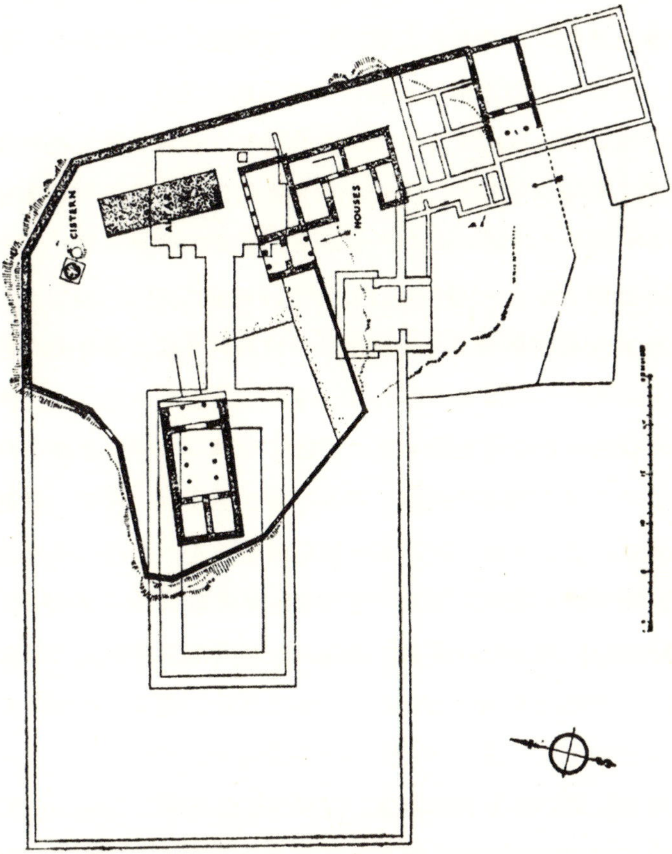

图 20　阿菲亚神社，埃伊纳岛，公元前 6 世纪。

并没有完全实行——整片圈地仍然不完全是规则的，且山门位于与神庙成直角的地方。

在神社所有气势恢宏的建筑中，主神庙是最重要的，但不一定是最早的。就像奥林匹亚一样，它可能是一个长期发展过程的顶点；也可能是数座神庙在需要重建的时候，在同一地点相继建成，每一座都比上一座更有价值；又或者是在不同的地点建造了一座新的神庙，旧神庙保留在旁边。很多大神社里都有一些小神社，供奉一些特殊的神祇，或者一个相关的、附属的神祇或英雄，通常都有自己的庙宇。无处不在的柱廊也有其用途，一些最早的样本已经被发现，这些样本属于得洛斯神社和其他地方。柱廊和庭院周围的房屋可以为祭司、官员和求神者提供住宿。如果某些信仰是“神秘的”，就需要在封闭的大厅内安排一个类似剧场的位置。其他信仰也是如此，需要为其提供特殊的准备。例如，阿斯克勒庇俄斯神（Asclepius）的信奉者们需要睡觉的地方，这样神才能治愈他们，或者在梦中揭示治愈的方法。像埃皮达鲁斯（Epidaurus）附近的阿斯克勒庇俄斯神社，是信仰治愈之神的主要中心，还有科林斯的阿佛洛狄忒（Aphrodite）神社，有相当多的流动人群和常住人群，而在其他地方，在节日期间人口流入更为集中。不过，为神社使用者提供方便和舒适的精心安排，主要是后期的发展。在公元前 5 世纪和前 4 世纪初，这种安排很简单。奥林匹亚的宙斯圣地是希腊范围内最大的宗教中心，但在公元前 5 世纪最兴盛的时

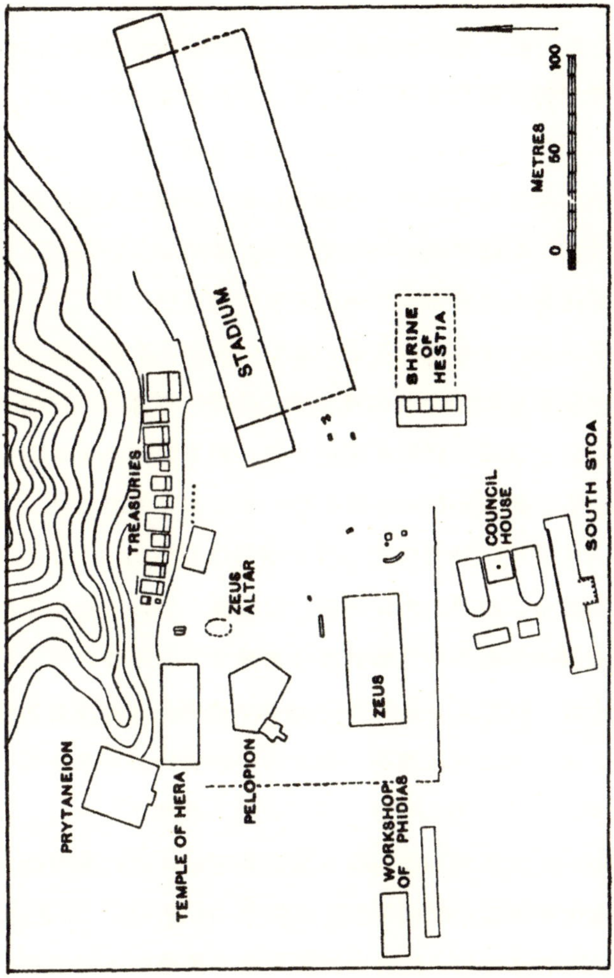

图 21　奥林匹亚，公元前 4 世纪地面上的主要遗址。

期，这里除了宙斯神庙（顺便说一句，宙斯直到公元前 5 世纪才拥有了自己的神庙）、古老神圣的市政厅和议会大厅以及一两个柱廊之外，没有大的建筑物，但是这里有无数的祭坛和神像。在希腊化时代和罗马时代，这里建造了许多宏伟的建筑，这些建筑与其说是为了神的荣耀而建，不如说是为了人类的舒适而建，其中包括祭司的处所（Theëkoleon，有两个庭院的房屋）、体育馆以及一座豪华宾馆——里昂尼迪翁（Leonidaion），它建在一个有柱廊的庭院周围，外面也有柱廊环绕。这些国际化的圣地是泛希腊的，即使位于某一特定的城市，它也是属于整个希腊的。它们吸引了来自四面八方的游客，尤其是运动健儿。它们已经超出了本书的话题范围，但它们对城市的生活有着不可估量的重要性，如果不论及它们，本章将是不完整的。它们需要精心的组织，并发展出相应的复杂形式；像大城市一样，它们也拥有众多行政及各种类型的建筑物，当然，也有体育场馆和剧院。许多城市争先恐后地礼敬神灵，纷纷建立起数不胜数的小神庙，称之为“金库”。一些伟大的神社距离其相关城市有几英里远（例如奥林匹亚、埃皮达鲁斯的阿斯克勒庇俄斯神社和阿尔戈斯的赫拉神社）。

复杂神社中元素的排列没有固定的原则。各种遗迹以一种极为多样化和杂乱无章的方式散布在这一区域。在一些遗址中，从入口到主要祭仪地点的古老游行大道有着决定性的影响，众多纪念碑都挤在它周围。圣路的走向通常是由传统决定的，无

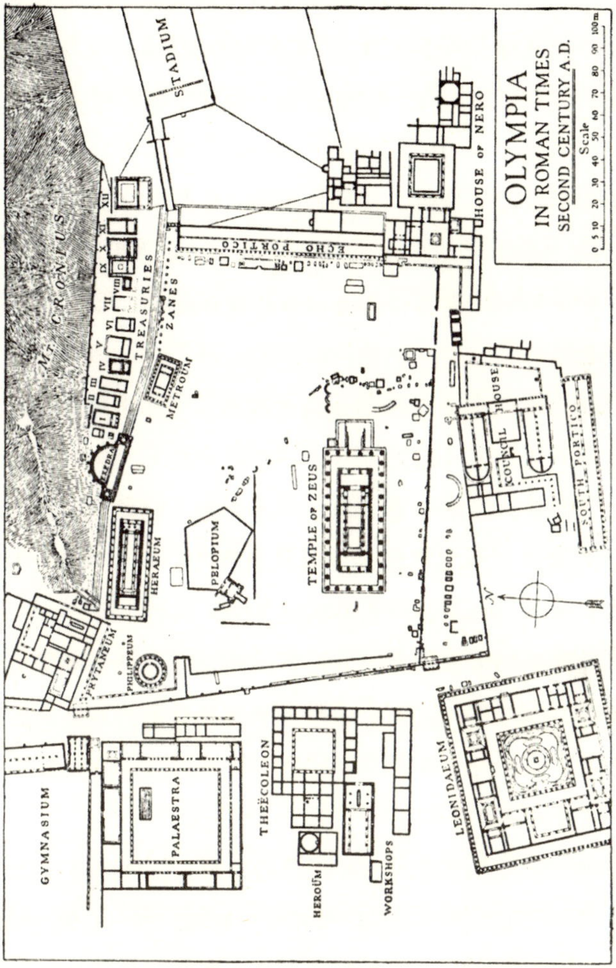

图 22　帕萨尼亚斯时期的奥林匹亚。
在南门廊的中部有一个奇怪的突出部分。

法给寺庙和其他建筑提供庄严的景观。主神庙通常位于大致中间的位置，其余的纪念碑则非常随意地聚集在周围。很难想象如何正确地描绘这些神社，但人们完全可以相信，本能和随意的安排往往会产生良好的效果。但是大量的小型纪念碑，特别是在国家神社中，迟早会变得令人困惑和厌烦。在雅典卫城——雅典娜的伟大神社——的案例中，G.P. 斯蒂文斯展示了如何在目前看似缺乏协调性的情况下进行巧妙而有效的设计。他认为，西边的部分是与通廊入口（Propylaea）一起，作为雅典卫城帕特农神庙（Parthenon）的前院，大致呈正方形，且部分被围墙包围。这里是许多精美遗迹的所在地，尤其是伟大的菲迪亚斯（Pheidias）的雅典娜青铜雕像，它使得我们能够一睹更伟大奇迹的迷人风采。帕特农神庙坐落在一段宽阔的台阶之上，它的美丽，只有当来访者穿过庭院东南方的入口时，才能一览无余。也许对这种类型的进一步研究，可以显著地揭示出其他遗迹中的设计，在那些地方，纪念碑似乎毫无联系地散落四处。但斯蒂文斯承认，希腊人的整体设计不如单独建筑的设计那般完美。许多建筑物的叠加效果——每一座自身比例协调的杰作嵌入大量的小型纪念碑中——很容易显得混乱。

希波达玛式规划再次强制推行秩序。当一个或多个矩形区域被分配给一个神社时，它会自动呈现一种规则的形式。石柱沿两侧排列得井然有序，有时会形成完整的列柱围廊。一切都符合主流方向。但即便如此，依然保留了一定程度的自由，而

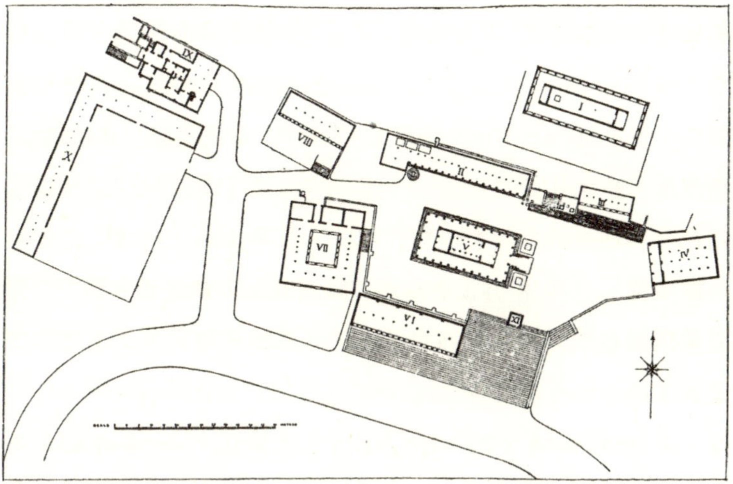

图 23　广场附近的赫拉神庙。

建筑的位置和总体规划比较确定，细节是推测的。

I. 古庙（公元前 7 世纪，于前 423 年被火烧毁，被 V 所取代）。

II、III、VI、VIII. 公元前 6 世纪和前 5 世纪的柱廊。

IV. 东部建筑物（公元前 4 世纪）。 柱状大厅类似于伊洛西斯的神秘大厅。

V. 后期神庙 （约建于公元前 420 年）。

VII. 西部建筑物 （公元前 6 世纪）。很可能是某种市政厅式的建筑，门厅两边的房间是餐厅，而不是人们所说的为女神的女祭司而设的健身房或医院。参见第五章。

IX. 罗马浴场。

X. 用途不确定的 L 形建筑。发掘者的意见是此处可能是祭祀前一个安置牲口的庭院（不是很有说服力），也可能是一个体育馆。它有内部支撑，但外墙对于石柱地基来说太窄了。

且没有人坚持严格的轴对称。在普里埃内的规划中，可以看到雅典娜神庙的入口不在轴线上。而宙斯神庙则明显位于中轴线的北面。高度精细的轴向规划以及大规模的实施，是罗马时代的特点；巴勒贝克（Baalbek）是一个显著的例证，其入口的门廊、六角形的前庭和矩形的主院全都沿神庙的轴线呈严格的轴对称排列，每一边的每个细节都在另一边得以复现。早些时候，正如冯·格尔坎所指出的，尽管在许多独立建筑物中都保留了对称性，如神庙、议会大厅、剧院以及不太常见的体育馆（不包括房屋），但人们并没有发现神社建筑群沿轴线对称排列。但是采用对称形式是自然而然的，甚至几乎是必然的，这能够使建筑更好地发挥它们的功能。

E. 耶尔斯塔（E. Gjerstad）在论述罗马的皇家广场（imperial fora）所呈现的建筑观念的起源时说，皇家广场是严格地沿着神庙的轴线呈轴对称建造的，它被放置在围墙的一端，强调正面。这种方法在希腊化时代的希腊和意大利都具有一定的影响，但是希腊的设计本质上是自由的且适应性更强，往往不那么具有野心。建筑通常以常识为向导，而非固有的建筑理念，普里埃内广场东侧的宙斯神庙就是很好的例子。神庙有一个两侧围有柱廊的矩形庭院，但是由于整条街道向北倾斜抬升，其低调的入口也被最大限度地向北推移，由于某种吸引作用，神庙和祭坛也被迫从中心往北稍微推移。

本章提供了一个绝佳的契机，来进一步阐述雕刻与建筑之间的关系，这一主题与神庙尤为相关。在希腊，各种艺术形式之间、艺术与生活之间都保持着密切而和谐的关系。在当时，人们无法想象没有雕塑装点的建筑，或是脱离了建筑背景的雕塑。两者之间的密切关系可以通过一个现象来进行说明，即同一位艺术家既是雕刻家又是建筑师，例如年轻的波利克里托斯（Polycleitus）和斯科帕斯（Scopas）。而菲狄亚斯本身既是一位雕刻家，又负责监管伯里克利统治时期雅典的美化工作。

大量精美的雕塑——事实上就是迄今为止我们所拥有的最精美的雕塑——成为神庙的装饰性外壳，而对其他建筑物来说则相对较少。艺术家准确地了解应该如何、在哪里以及在何种程度上最好地应用这种装饰，来增强多立克式建筑的严谨之美和爱奥尼亚式建筑的清雅之美。山形墙（Pediments），多立克式的柱间壁（metopes）以及雕刻装饰带（frieze，并非爱奥尼亚式所特有）都是主要应用领域，而经过雕刻装饰的建筑物顶部雕塑的底座被安置在山墙的一角。人们认为，用雕塑装饰那些结构上最重要的部分会给人不结实的感觉，但有一两个例外，其下部的柱鼓（以弗所的阿耳忒弥斯神庙）和楣梁（阿索斯的古庙）是用浮雕雕刻的。除了这种特殊的建筑雕塑之外，神庙内通常还会有一个宗教塑像（但不总是这样），它可以是古拙的粗糙制品，或是美轮美奂的黄金或象牙制品，并被大量小型雕塑装饰品环绕。较大的神庙往往会成为宏伟的艺术博物馆，正因如此，希腊人可以没有博物馆、美术馆等，因为艺术无处不在。

雕像被放置在柱廊、前廊、后廊、内殿的两侧或主要宗教塑像的侧面，神庙中也有些稀奇却不怎么美观的物品。帕萨尼亚斯提供了大量的图示，他认为忒格亚（Tegea）的雅典娜神庙是伯罗奔尼撒半岛上最精美的神庙。山形墙上的雕塑展现了卡吕冬野猪狩猎活动和特洛伊战争，祭坛上有瑞亚（Rhea）与婴儿宙斯以及众仙女的浮雕。在神庙里，除了雅典娜女神的塑像外——其左右两侧分别为阿斯克勒庇俄斯和健康女神的塑像——帕萨尼亚斯还特别提到了“最引人注目的”事物：卡吕冬野猪的獠牙和兽皮、斯巴达囚犯戴的脚镣、雅典娜的圣榻、奥格（Auge）的画像，还有勇敢的忒格亚女神玛彭莎（Marpessa）的盾牌。

这些物件自然不具备艺术上的统一性。另外，在一些建筑与雕塑以及绘画相结合的杰作中，雕刻和彩绘装饰形成了单独的设计方案。帕特农神庙就是最重要的例证：东边的山形墙展示了雅典娜的诞生历程，从女神自宙斯头上裂出不久到长大成人、全副武装。西边的墙面展示了雅典娜和波塞冬通过制作礼物进行竞争来争夺阿提卡的领地。在柱间壁上刻画着传说中的战争：神与巨人之战，英雄和半人马之战等。柱顶过梁则展示了泛雅典娜女神节游行（Panathenaic procession），雅典人民高举鲜花以表达他们对女神的敬意。神庙内部是巨大的黄金与象牙材质的雅典娜女神雕像，室外雕塑的主题在宗教雕像的装饰中得到了重视和强调。菲狄亚斯，这座神庙的整体设计者，巧妙地利用了传统的神话艺术主题（柱顶过梁除外），制造希腊和阿提卡精神源泉的宏大印象。上神赋予了它丰厚意蕴，野蛮的仇雠成就了它的胜利荣光，最终在希腊伯里克利时代绽放。

帕萨尼亚斯还在神社里看到了著名的绘画，例如，在雅典的忒修斯神庙里，以及奥林匹亚的宙斯宝座周围的屏风上。绘画也与建筑有关，尽管不是那么明显或密切。我们会看到某些柱廊的墙壁上装饰着巨幅绘画。其中最著名的是德尔斐的科尼迪亚人的“Lesche”（休息厅或俱乐部聚会室）。它是一座长方形建筑，门设在其中一侧长边的中部，波利格诺托斯（Polygnotus）在整面墙上绘制了他的杰作《特洛伊的陷落》和《奥德修斯在阴间》。当然，装饰性的建筑细节也被醒目地着以色彩，但这是另一回事了。

除了构成神庙和其他建筑物的装饰或内容的艺术作品之外，其他独立或半独立存在的艺术作品也不应与其建筑背景相分离。在神社里，它们主要沿着圣路两侧聚集，且面对神庙的正面。如果建筑物过多，无法提供足够的空间时，例如在国家神社中，一些较小的作品会因与建筑师的目标冲突而停止建造。除了在美学上令人遗憾的拥挤之外，你还会发现这样的悲喜剧场景：在斯巴达人战胜雅典人的纪念碑的正前方，是阿卡迪亚人战胜斯巴达人的纪念碑；在纪念希腊人在普拉塔亚（Plataea）战胜波斯人的三足鼎旁边，是一个镀金的高级交际花雕像——这些都是帕萨尼亚斯在德尔斐（Delphi）看到的。

希腊的神庙是一所房子，一所神灵的房子，或者至少它代表了一所房子的主厅。它在本质上是拟人化的宗教表达，想为一尊受人膜拜的雕像提供合适的环境是决定其形式的一个重要因素。神庙不是用来安置大量聚集的朝拜者的地方，外面的露天神社才是作此用途的，虽然为了某些特殊信仰会设置一个专用的大厅，比如泰勒斯台里昂神庙（Telesterion）或在伊洛西斯的神秘大厅，但它们是依照与神庙完全不同的原则建造的。剧院也成为一种专供大型集会使用的聚会场所的特殊形式。

神庙的基本形式是一个在一端有入口的长方形建筑。这就是所谓的中央大厅（megaron）形式，它最初是在前希腊时代从北方流传下来的，后来在希腊代代相传，关于这一点，在提及普通房屋时还要多说几句。它通常有一个开放的入口门廊，偶尔也有一个前厅，然而一些早期的神庙只是简单的长方形。有时在后面会有一个小房间，形成一个内殿。入口的门廊深浅不一，通常用柱子装饰，要么位于前向延伸的侧墙之间，要么在前面。为了对称美，有时会在神庙背面也增加一个类似的门廊，但一般不作为建筑物的入口。大型神庙的内部由一排排柱子纵向分隔，以达到结构上或装饰上的效果，或者两者兼而有之。在大量主要的古代实例中有单排的柱子，但这种安排显然不利于安置宗教塑像，通常会有两排，分隔两边的过道，这些过道有时会经由短墙把柱子和主墙连接起来，从而形成一连串位于侧面的礼拜场地。更罕见的是，通过将柱子继续围绕至神庙后端来获得一种列柱围廊的效果。

最具革命性的发展当然是增加了一个围绕核心建筑的外部柱廊，这不能仅被看作四周门廊部分柱廊的延伸。它很早就被引入了，在希腊西北部的埃托利亚的色蒙（Thermon），目前已知最早的神庙里发现了罕见的发夹状的柱廊。它是整座建筑物的保护和装饰框架。它被用于所有内部结构的周围，包括那些已经有柱状门廊的结构。有时现存的神庙有柱廊，亟须进行彻底的重建。柱廊被提升到了神庙的高度，因此它的原始性质被掩盖了，使得其从外观上产生了一个完全的转变。带有柱廊的神庙作为城市里首要的建筑装饰物，显得比以往任何时候都更加醒目。它不同于普通房屋，甚至区别于其他所有早期希腊建筑，每一面都能呈现出宏伟的外观。

在所有这些要素中，包括外柱廊，神庙可以被看作一个希腊的产物，没有任何外来输入，我们可以看到它从最原始的起点开始的发展历程。它仅仅是在装饰性的细节以及更加精致和富丽堂皇（在某种程度上，只是用石头取代了木材和黏土）的趋势等方面受到了埃及和东方的影响。虽然这里并不是谈论起源细节的地方，但我认为至少多立克柱式几乎完全是本土的。但是在公元前 6 世纪巨大的爱奥尼亚式神庙里，柱廊成倍地增加，包括外柱廊的双重叠加，以及对神庙整体的精细制作，都显示出了外来的影响。双柱廊的一个重要变体是通过将一个单列柱放置在最外行的位置来实现的叠加效果。

神庙在古代早期进步神速，其他建筑类型远远落于其后。威克特（Weickert）说：“在我们的时代，只有真正的宗教建筑是丰碑，其他一切都相对简单……对信徒来说，建筑和制作塑像一样，都是为上帝服务。”公元前6世纪初，尽管奥林匹亚的赫拉神庙是用木头和未经烧制的砖块在一块石台上建造的，但它已经显示出它在城市规划中完全是必不可少的要素。赫拉神庙有一个内殿或者说主房间，内部沿着四边有柱子（其中一些支撑着横壁），内殿前后都有带柱子的走廊，走廊外还有完整的石柱廊。这成为最宏伟的庙宇的流行构造，即使是在公元前5世纪也无法从根本上进行创新。它留给公元前6世纪和公元前5世纪建筑师的任务只是完成必要的调整：从早期的木制建筑过渡到石头建筑，采用前者的某些特征作为装饰；通过实验找到适合整个建筑和构件的理想设计和比例；将这些零件紧密连接成一个完整的整体，克服最初将外廊应用于内部建筑物时的粗劣制作。就此，这座神庙呈现出一种新的力量和美感，并随着人们越来越多地使用精细的大理石来代替石灰石而变得更为坚实。

在古典时代晚期，简单形式的设计和更复杂形式的设计得以共存。小神庙的常见设计是矩形的内殿带有柱状门廊。早期的曲线形式则长期应用于那些在尾端弯曲成半圆形的建筑物中；另外，关于圆形神社——我们有几个值得注意的样本——它们可能不被认为是由原始的圆形小屋直接演变而来的；最重要的古典圆顶墓或圆形建筑，诸如位于德尔斐和埃皮达鲁斯等的建筑，都是精细和高度复杂的创新，没有任何古风，事实上其内部采用的是新科斯林式的实验形式。

神庙的大小差别很大，小到像在雅典卫城上的胜利女神雅典娜神庙，大到几乎有其 1000 倍，如阿克拉加斯（Acragas）的宙斯神庙，这样大的神庙在希腊大约只有六个。大部分重要的城市都拥有几个大型神庙，不是因为其巨大的规模，而是因为其在城市建筑形式中发挥着相当重要的主导作用。

在一端设有入口且由不同粗细的内外部圆柱装饰的最基础的矩形形式，几乎盛行于希腊各地。仅有少数几座近似正方形的神庙和极少数的几座与位于长边上的入口十字交叉的神庙（有时一个正常形状的内殿会有额外的侧门）。当变动和相应的改变发生之时，往往是源于信仰的特殊要求，但这些零星散布的神庙让人们觉得是建筑师在故意做实验。例如，位于巴赛（Bassae）的阿波罗神庙的侧边入口和其他一些异常的特征，以及位于西西里阿克拉加斯的奥林匹亚宙斯巨型神庙，它外部的柱子被建造成一堵连续的外墙。有时两种信仰不得不被安置在一座神庙里，一个在外面的房间里，一个在里面（帕萨尼亚斯），或者一个在内殿面向东，另一个则面向西。一个极端复杂的范例是雅典的厄瑞克修姆神庙（Erechtheum），它的主房间朝东，大前厅后的两间小房间朝西，北边有个大门廊，在南边设置有一个小门廊，更不用说它还有地下室，这十分罕见。整个建筑成功地包含了许多奇特的信仰和宗教圣地。大多数希腊庙宇都简单而紧凑。一些大型神庙，包含一两座巨大的双柱廊建筑，在其他方面也会别具一格；内殿是无顶的，因此它更像庭院而非房间，有时庙内又建有一座小神庙用来放置宗教塑像。实际上主体结构已经发展得远远超过了它本身所应具有的功能范围，在其沉重的发展过程中有一些与希腊本土神庙的精神相异的东西。

接下来我们谈谈那些并不主要用于宗教的建筑物，但是它们也不完全是世俗生活之用——柱廊的确是一种非常重要的建筑类型。它是一座多功能建筑，在希腊建筑和生活中起着至关重要的作用。雅典的演说家经常把柱廊列入城市的荣耀之中。德摩斯梯尼认为它们能够与雅典卫城、通廊和帕特农神庙，甚至与比雷埃夫斯的船篷比肩。与“广场”一词一样，这个希腊词不易翻译，而我更倾向于使用“门廊”或“石柱廊”这样的说法。

柱廊其实是一种十分简单且适应性强的建筑，仅仅由一个开放的石柱廊组成，通常有后墙，通过屋顶与柱子相连接。这种结构有很多建筑学上的功用：它可以形成一个入口门廊，或者一个立面；它还可以安置在庭院的一个或多个侧面，并形成一个内部或外部的列柱围廊。所有这些用途都是相互依存的。但是柱廊也可以是一个独立的建筑单元，我们主要关注的就是这个用法，尽管这个词也包含其他的用法。在各个时代和国家中，石柱廊毫无疑问具有良好的实用性和艺术效果。例如，在希腊建筑的先驱者中，埃及人建造宏伟的神庙庭院，米诺斯人和迈锡尼人建造宫殿，而把石柱廊作为一个自主独立的单元是希腊城市独有的特色。

柱廊在希腊建筑中的突出地位很容易解释。它适合希腊的气候，为人们提供了适宜的遮阳处和躲避狂风暴雨的避难所。它很容易适应公共生活中的各种目的，且具有很强的艺术可能性。它的起源和早期发展更加模糊不清。一个远古的原型可能见于迈锡尼宫苑的石柱廊中，宫苑有时给人的印象更像是一个分离的单位，而不是一个紧凑的列柱围廊。这种结构类型可能并没有完全消失在黑暗时代的房屋建筑中，随着城市的逐步形成，配建公共场所和神社的想法有可能催生了独立的柱廊，特别是在城市广场里。它为普通市民提供了一个舒适的、受庇护的场所，让他们能够在里面做生意或休闲。另外，一个轻型的披屋柱廊也可能会更加持久、美观。有时，一个轻型石柱廊会被安置在一面已经存在的墙壁上，例如在萨摩斯岛（Samos）的古老的赫拉神社以及在特尔斐的雅典人的柱廊里（公元前5世纪早期），它们均使用了巨大的多边形护墙作为支撑。在这里，我们为柱廊找到了另一种可能的发展方向。无论如何，我们可以再次断言，柱廊是希腊那些富有创造力的天才用简单的元素创造出来的，用来满足实际需要的一种艺术形式。

早期的遗迹稀少、模糊、难以确定年代，且大多与神社有关，得洛斯岛就有几个。到了公元前5世纪，柱廊已成为许多城市，尤其是城市广场的显著特征之一。很多大型柱廊都有一排内柱，使它们显得更加空灵和高贵。通常，当建筑的主要柱式为多立克式，内柱则是爱奥尼亚式，例如，爱奥尼亚式的柱子被用在帕特农神庙的后室和其他多立克式建筑的内部。内柱的间距通常是外柱的两倍。阿戈斯的赫拉神庙（公元前5世纪）的南柱廊就是一个简单的双通道柱廊的鲜明示例。一些大型柱廊都有两排内柱支撑（如伊利亚的大型柱廊，以及梅格洛波利斯的菲利普柱廊）。在伊利亚的另一个柱廊里，中心墙两边各有一个石柱廊。在得洛斯岛和其他地方，有些柱廊被背对背地安放。其末端由与后墙成直角的墙组成，要么延伸到建筑的前面，要么保持较短的长度为尾部石柱留出位置，要么就纯粹是短石柱廊。有时石柱并不沿着整个正面延伸，两端各有一段实心墙（有时只有一端有）。在这种情况下，柱廊倾向于接近一个封闭的大厅。位于得洛斯岛的巨大的希腊风格多柱式大厅呈现了这种类型的外观。在内部，它不仅仅是一个柱廊，实际上是一个多柱的大厅，我们在下一节将要谈到的就是这种大厅。L形或成钝角排列的柱廊甚至出现在古代，并一直使用，而更复杂的直角方案随后出现。

长长的石柱廊在建筑上存在一些不太令人满意的地方，它只是单纯地建成，并没有任何东西来定义它的形式或提取它的

图 24　萨摩斯的赫拉神庙，重建南柱廊。

艺术价值。为了创造出一个更完善且更令人满意的个体，在其两端都增加了表面突出的侧翼，顶端覆盖着山墙。最能展现这种效果的是位于雅典的宙斯柱廊（皇家柱廊？），它建于公元前5世纪后半叶，可能就是这种形式的原型。这座建筑已从地基至上层建筑均被精确重建。它长约45米，中间宽12米，两翼宽18米。主结构是多立克式，内柱是爱奥尼亚式。中间的柱子比两翼的柱子间距更大，这样就有了更为开阔的优势。地板可能是用石头铺面的，但这一点尚未明确。在墙壁的地基里发现了长凳的痕迹。雕塑装饰仅限于两翼山形墙的尖顶上，但一些重要的纪念碑则矗立在中央石柱廊的前面。直到很久以后，才增加了两个房间，作为后面的附属建筑。

这座建筑特别值得注意，因为它属于雅典建筑的最佳时期，因为它代表了一座单一的独立柱廊的理想形式，并且在整个系列中位居前列。H.A. 汤普森认为，通过增加侧翼来创造一种令人满意的设计，也许可以与较早建成的雅典卫城入口处精心设计的老式柱状门廊相提并论。但是，卫城入口的两翼更大，且与主体结构的连接不太紧密。不管怎样，从那时起，拥有平衡双翼的方案就开始流行起来，用于柱廊上、入口门廊上，以及剧院的舞台上，其突出的双翼被称作“前翼”。在一两座与宙斯柱廊设计相似的建筑物中，两翼似乎不是开放的门廊，而是被墙壁围起来的。萨索斯岛的广场上就有一座这种类型的建筑（公元前4世纪晚期）。

位于梅格洛波利斯的菲利普柱廊（公元前 4 世纪，现存遗迹可能来自公元前 2 世纪，原始形式尚不确定）以及位于得洛斯岛的安提柯柱廊（Antigonus，公元前 3 世纪），均大规模采用了这种有翼的模式。前者长 156 米，后者长 120 米。但是两翼的实际突出程度并没有随着建筑本身的大小而成比例增加。菲利普柱廊里有两排内柱。在公元前 4 世纪和希腊化时代，建造超长柱廊的倾向越来越明显。事实上，建于比雷埃夫斯的伯里克利时代的大型谷物仓库被认为是一个长柱廊（雅典本身也有长柱廊），这意味着它在公元前 5 世纪有一些不同寻常之处。

我们已经讨论过“马蹄铁”和其他在矩形结构中设计柱廊的方法。然而，有人可能会补充说，“马蹄铁”很难被认为是突出的两翼延伸的结果。宙斯柱廊的两翼只不过是装饰性的末端，它们与中央柱廊朝向一致。“马蹄铁”两侧的立面与中央部分成直角，且其本身就是柱廊。尤其是麦格尼西亚的设计，使这种差异更加明显。这两种类型可能近似，但在原则上它们是非常不同的，“马蹄铁”可以被认为是爱奥尼亚建筑师的最佳创造，它的设计灵感可能源于更古老的 L 形柱廊。

在希腊化时代，全新的宏伟的形式得以发明或发展，特别是在帕加马王国范围内。上下两层楼的柱廊在帕加马很受欢迎，这种柱廊以前很少见，但也不是没有。上层的柱廊在下层柱廊之上形成了一个长廊，它的柱子由栏杆连接起来。这种类型的

图 25　阿塔洛斯柱廊，雅典。

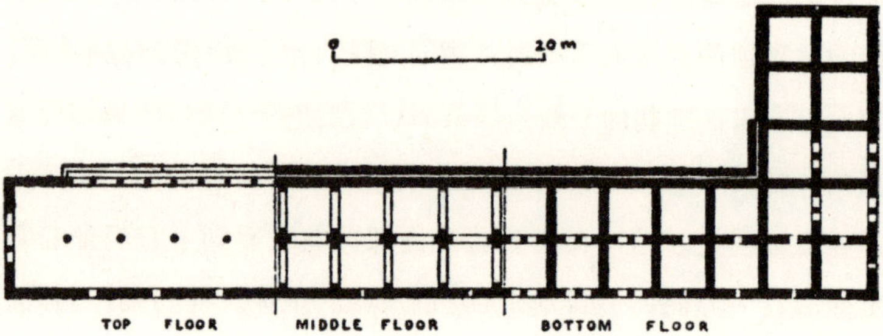

图 26　市场建筑物，埃迦伊。

最好范例是由慷慨的帕加马王国阿塔洛斯二世在雅典广场上建造的巨大的柱廊。稍作扩建后，它大约有 116 米长，每层都有一个大厅，大厅后面排列着 21 家店铺。这个巨大的交易大厅与早期广场的货摊相去甚远，甚至与经典朴素的柱廊也相去甚远。

灵感来自他们在处理陡坡场地时遇到的需求和机遇，希腊风格的建筑师——主要是帕加马风格的——甚至别出心裁地通过给柱廊增加精巧的附属结构而使之更加具有独创性。石柱廊正面朝向广场的台阶，而其另一侧则面向斜坡，不仅包括石柱廊的背面，还包括几层较低的楼层。这一类型的最好范例不在帕加马，而是在埃迦伊、阿琳达和阿索斯。埃迦伊（Aegae）的柱廊超过 80 米长，有一个短翼。背面由一堵巨大的三层高墙形成，最底层设有门，其他层设有窗户。正面是一个石柱廊，面向与最顶层同高的广场开放。平面图显示了每层楼是如何进行划分的。有了这些巨大的市场大厅，柱廊的历史就可以结束了。人们可能真的会怀疑，他们是否可以完全合理地被称为柱廊，因为石柱仅仅是给下面更实质性的部分加冠而已，但至少它们是通过在一个倾斜的台地上增加附属结构从而在柱廊的基础上发展而来的。

柱廊与广场一样，被用于各种各样的目的。它们当然不仅局限于广场之内，而是随处可见，尤其是那些通往广场的街道上，例如雅典的地道（dromos）就是通往迪普利翁门（Dipylon）的通道，而那种长长的完全由柱廊覆盖的街道则属于较晚的时代。柱廊还存在于所有有资格被精心修建的神社里。帕萨尼亚斯说，在爱吉姆（Aegium）的一个体育馆中，有一个专门让竞技运动员进行练习的柱廊，那些覆盖跑道的场地就采取了柱廊的形式。剧院有时也附带一个柱廊，为观众提供方便的有遮挡的场地。

在广场上的柱廊有着各种各样的政治、商业和通用功能。它们可以用来承办议会或法院的会议，为地方官员提供指挥总部并收纳官方文件。商人们也使用柱廊的开放房间来充当办公室或商店和仓库。科林斯的北楼就是后者在公元前5世纪的范例。商店门边都有柜台，以及用水泥砌成的水槽，这幢建筑可能是一个鱼市。货物被储存在柱廊中，那些被放在柱廊中待检验的样品被称为“德伊格马塔”（deigmata）。我们已经见到了很多这样的例子。有时，墙壁上装饰着伟大的绘画作品，建筑物具有画廊的特点，只不过不止作画廊之用。绘画和雕塑的主题自然选择了城市历史上传奇或真实的辉煌时刻，这使得雅典的斯多葛柱廊和斯巴达的波斯柱廊应运而生，后者由波斯战争的战利品建成，并装饰着波斯人的人物形象（帕萨尼亚斯）。柱廊的适应能力在皇家柱廊和雅典的斯多葛柱廊中得以最佳体现。前者之所以如此称呼，是因为它是王者执政官（Archon Basileus，继承了古代国王的宗教职能）的所在地。有时它也用来举行雅典最高法院庄严的法庭会议，《梭伦法典》的抄本刻在石柱上，除此之外还有其他重要的碑文。它也被商人和普通大众使用。最后，汤普森认为宙斯柱廊与皇家柱廊是一样的，如果这个想法正确，那么皇家柱廊也是一个画廊。雅典斯多葛柱廊则主要因其绘画而著名。这些画作均出自最伟大的艺术家之手，内容包括忒修斯、亚马孙族、特洛伊战争、马拉松和与斯巴达人的战斗（被俘获的斯巴达盾牌也在此陈列，其中一个已被找到）。

但柱廊也被用作贸易和娱乐之用，有时也被用作审判室。许多哲学讨论必然会在这里发生，比如那些卢西恩所描述的非常生动的画面（宙斯悲剧）。在公元前 4 世纪后期，哲学家芝诺（Zeno）也选择在此地进行讨论，这就是为什么他的学派被称为斯多葛学派（Stoic）。因此，一个原本属于建筑学的词汇已经被现代语言中的哲学和道德意义所使用。

对于一般的社会用途来说，柱廊是一座卓越的建筑，是一种对任何公共场所都有用且具有装饰性的辅助物，但是对一些更专业的功能而言，它并没有起到很好的适配性。它不是一个理想的法庭或会议室，而且当它被用于这些目的时，我们并不清楚应该如何安排座位。希腊人最终创造了一种独特而实用的场所，封闭且有顶，可供几百人组成的审议团队开会，不过早期也经历了各种各样的尝试。

一个大国的全体公民大集会则是另一码事。起初，市民们聚集在露天的广场上，也许在一些城市他们还依然保有这种惯例。集会场所只需要为演说者提供一个演讲的平台和简单的能够供站立或坐着的设施，最好像剧院那样。剧院起初是与集会场所联系在一起的，当它完全发展成为一个独立的建筑时，尽管是为戏剧演出而设计的，但它也常被用作大型政治集会的最佳场所。关于这一话题的证据非常不完善，但至少值得怀疑是否有许多城市，如雅典的普尼克斯，除了剧院外，还拥有专门为大型集会而设计的建筑。

那种可供几千人集会的有顶的建筑确实少见，因为建筑技术的局限性使其成为一件困难的事。一个巨大的屋顶需要靠内部的大量柱子来支撑，而这在集会大厅里几乎不占任何优势。希腊人没有任何建筑能与罗马人的长方形廊柱大厅和其他拱形或圆顶建筑相媲美。但人们通常并不觉得会需要这种礼堂大厅，有露天的广场就足够了。像梅格洛波利斯的西里翁议事厅（Thersilion at Megalopolis）这样的建筑则是一个非凡的杰作。

雅典的普尼克斯值得特别注意，它是一座具有独特历史的高度个性化的建筑，尽管它可能呈现出的是大多数希腊集会场所的建筑规则；几年前，由 H. A. 汤普森发起了一场细致研究的课题且研究结果也颇为惊人，结果表明我们所熟悉的岩石切割坡面和平台实际上属于后期的重新排列。尽管发生了巨大的变化，但整个剧院的原则始终如一，观众席是向下倾斜并聚焦在演讲者站立的地方。普尼克斯广场坐落在距离雅典的传统广场西南方不远的地方，而它所处的斜坡则正是人们推测的古代广场遗址的正上方。正如汤普森所说，如果需要一个比广场更安静、更宽敞的地方，那么这个斜坡显然是最好的选择。起初，这里使用的是天然的山坡，也许在它的脚下有一个供演讲者使用的平台。到了公元前 6 世纪末，观众席的上部装饰了岩模（die rock），在底部筑起了挡土墙，支撑着一个露台，这里大约可以容纳 5000 人。

大约一个世纪以后（公元前 400 年左右），整个建筑发生了 180 度的调转，因此自然的斜坡便从讲坛或演讲者的讲台向下延伸到观众席的后部。在底部建造了一道弧形的挡土墙，并在其内部筑造巨大的路堤，以便使观众席能够从讲坛位置起有一个轻微的上升坡度。

这种奇怪的反转动机尚不清楚，它使得建筑物更具隐蔽性且具有面向西南而非东北的视角，但即使如此，希腊建筑师也很少在这类建筑中如此强烈地对抗自然。除了木制长凳之外，这里仍然没有座位，主要的入口是后面的两个楼梯道。最后的重建是这种方案在各个方向的延伸，汤普森目前将其归功于公元前 4 世纪的来库古（Lycurgus，斯巴达政治家、立法者），而不是最初他认为的哈德良王朝复兴（公元 2 世纪）。那里建造了醒目且更坚固的挡土墙，顶部的岩石被切成一个陡坡，目前的讲坛从那里凸显出来。普尼克斯现在可以容纳一万人，仍然没有提供固定的石头座位，入口自后墙的楼梯向上，楼梯延伸至广场的方向。

作为雅典的一个集会场所，普尼克斯并非没有竞争对手。即使是在公元前 5 世纪，议会有时也会安排在其他地方集会。例如，流放活动就被保留在广场自身的一个叫作“perischoinisma”的区域（即“一个用绳子围起来的地方”）。从公元前 4 世纪中叶开始，剧院被更加频繁地使用。人们可能更早地在伟大的戏剧节之后已经在剧院里举行了第一次集会。公元前 3 世纪和前 2 世纪，在比雷埃夫斯举行的会议变得越来越普遍。

斯巴达人的集会是在一个叫作斯基阿斯（Skias）的建筑物里进行的，它坐落于一条远离广场的街道上，出自当地人萨摩斯岛的西奥多罗斯（Theodorus of Samos，公元前 6 世纪）之手，并在帕萨尼亚斯时期仍在使用。它的名字暗示着有一个屋顶，但对这个建筑的结构并不清楚。有屋顶的集会场所的最突出的例子是梅格洛波利斯的西里翁议事厅，它是在公元前 371 年之后不久，为新成立的阿卡迪亚州的万人联邦议会而建立的。帕萨尼亚斯称西里翁为议会大厅（议事厅），而且它无论是在功能上还是原则上都不能与即将在下一节中要讨论的建筑完全分开，其不同之处仅在于它的规模。梅格洛波利斯人（Megalopolitans）在赫利逊河（Helisson）的对岸的广场上有他们自己的小型议事厅。西里翁议事厅是一个大胆的尝试，将一片区域用屋顶和四面墙围起来，如果不加房顶的话，则会很像普尼克斯的路堤。它的地面就像一个很浅的剧院，分别从北、东、西三个方向缓缓地向靠近南部中央的一片平坦空间倾斜。奇怪的是，这个斜坡又一次与等高线相反——它从河床开始向下延伸。里面座位的类型并不确定。围墙长 218 英尺（自东向西），宽 172 英尺。支撑屋顶的柱子被巧妙地安置在不仅能使它们呈同轴矩形，且同时还能够呈中心空间放射状的位置上。这种设置与其他大多数希腊多柱式大厅（如伊洛西斯的神秘大厅）相比，其布局对观景的阻碍要小得多。南侧的中部增加了一个柱形长廊，是梅格洛波利斯的典型设计。它的南边紧邻的是希腊最大的剧院，在那里，数万名观众无须伸长脖子去绕过柱子就可以听到演说家的演讲。

大多数联盟的集会都是在他们共同保持某种传统崇拜的神社里举行的，而证据——或者说没有证据——似乎表明，他们中没有多少人能够享有专门用于此目的的建筑物。然而，帕萨尼亚斯描述了另一个有趣的范例，多利斯的福基康（Phokikon at Daulis），那是福西斯人（Phocians）会面的地方。据帕萨尼亚斯所说，它的规模很大，内部设置有与建筑物等长的廊柱，大概有两排，把整个建筑分为三个通道。从柱子上看，各层的座位都升到了两侧的墙上。这与通常的剧场设计不同，尽管有人可能会认为其两侧是两个面对面的平面剧场，而且对所有人来讲这里的视野不可能都很好。但同样，这样的建筑也是特有的。大多数大型的集会都是露天举行的。阿里斯托芬的《阿查尔曼人》（*Aristophanes' Acharnians*）开篇就为我们展示了独特的视角：狄卡欧波利斯（Dicaeopolis）坐在普尼克斯上，眺望着城外他心爱的阿提卡郊野景色。演说者可以指向那片伟大的海洋和陆地，那里是伟大的雅典诞生的地方，也可以指向那些闪闪发光的大理石神庙，它们是雅典最引人注目的象征。这是所有政治集会中最充满活力的背景，严格的约束则会显得不自然。剧院也是如此。观众，尤其是后排的观众，在他们身后是高耸的卫城，抬头就可以俯瞰到阿提卡平原上的群山和大海。这正为阿提卡这片土地上所诞生的集会和戏剧提供了最合适的环境。如果用高墙把建筑物围起来并在上面加个屋顶，就会破坏它的精髓。

但是，人们仍然无法在那些为了全员集会设计的建筑物和通常有顶的议事厅之间划分出一条明确的界线。如果西里翁可以被称为古希腊的议事厅，那些精心设计的大厅在普里埃内则早已被正确地贴上了礼堂（*ekklesiasterion*）或集会大厅的标签，因为它大得足以容纳整个小镇的公民，尽管它肯定也是议会的所在地，还有可能被用来作为法庭。

从一开始，议会大厅就是一个封闭的建筑。它承袭了国王议事厅的传统，国王常在此与其大臣商议国事。因此，它与承袭了皇室大厅功能的市政厅共同承担此项功能。这两者的亲密关系表现在这样一个事实上，那就是，市政厅里有城市的神圣壁炉，议会大厅里也常常会有灶神赫斯提亚（Hestia）的祭坛。随着城市在政治上的发展，民主选举产生的议会需要一个更庄严的大厅，在那里他们可以像他们的帝王和贵族前辈一样隐匿其中商讨国事。

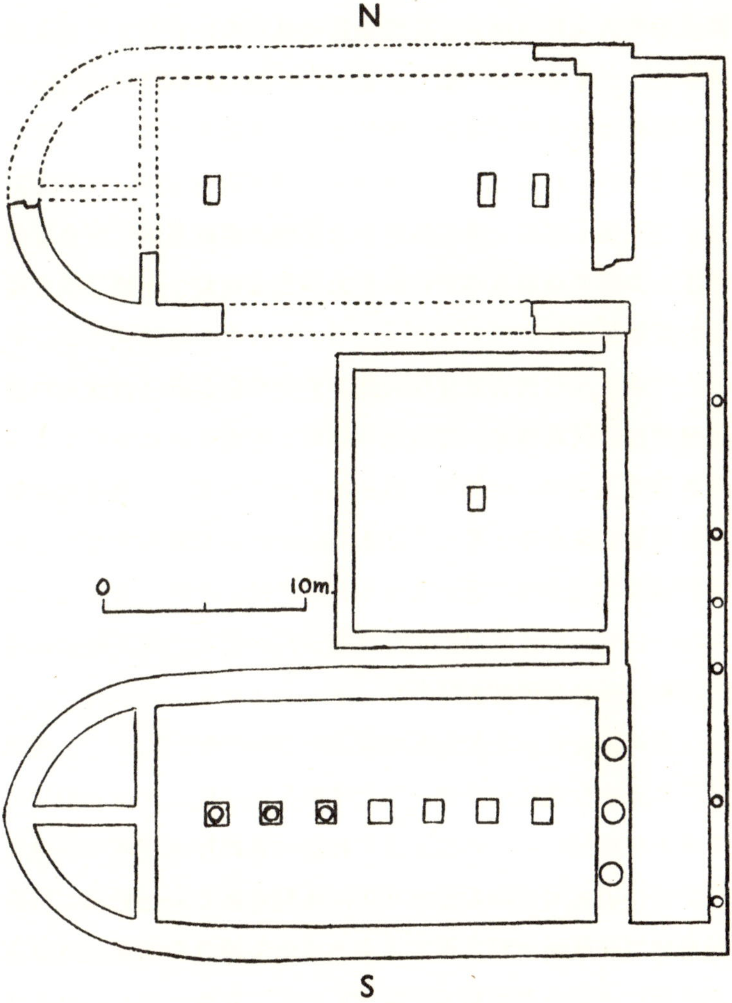

图 27　议会大厅，奥林匹亚。

在许多城市，议会大厅一定是最早的公共建筑物之一。但最有趣的古老的议会大厅范例来自奥林匹亚，它是一个伟大的国家圣所，正如我们所见，它包含了日常的行政管理办公室。

久远的年代和缓慢的增建造就了它独特的形式。两个发夹形状的建筑平行而立，中间围有一个正方形的空间。北翼可能建于公元前6世纪，南翼则建于公元前5世纪早期，但后者保留了一个更原始的规划设计，因为它的墙壁整体呈略微弧度弯曲，而北翼除了后殿之外都是直的。中央的广场结构是由位于前方的石柱廊将三者结合在一起，它直到公元前3世纪也没有任何增建。两翼都有一排内部支撑物。把整个建筑群认定为议会大厦是无疑的，但各部分的目的仍尚未明确。也许那些矩形的房间都是议会会议室（或者只有一间是），而那些后殿的小房间则是办公室或档案室，中央的广场可能是个露天的神社。但无论如何有一点是确定的，那就是古代的建筑传统才是决定性的因素，而非实际的便利。

德尔斐也有一个古老的议会大厅，是一个长约13米，宽约6米的长方形建筑。这种长方形的形状远非理想，但它仍在一些地方被沿用。当一种紧凑且方便的设计即使已经演变出来并被普遍使用之时，其类型也并不总是完全固定的。因此，对它们的鉴别往往很困难。那些议会大厦的遗址并不总是无具争议地被辨认出来，大量毫不起眼的长方形建筑物，当它们坐落在恰当的位置上，就都被标记成议会大厅。正因为这种不确定的资料，所以很容易引起人们关于希腊议事厅的形式的争论。正如我们所见，长柱廊的形式被使用了，可能还包括在曼提尼亚和卡劳里亚（Mantinea and Calauria）两地建于公元前 4 世纪的两个有翼柱廊。

最终盛行的形式，几乎排除了这些不确定的类型，它是通过在一个近似方正的大厅里布置一个类似小剧院的设置来实现的。屋顶建造技术的改进也起了作用。如果汤普森的雅典议会大厅的复原物是正确的，那么现在看来，这种类型在公元前 5 世纪时就已经建立了，其中最好且最清晰的范例是希腊风格的，起源甚至可以追溯到公元前 6 世纪。更古老的雅典议会大厅（公元前 6 世纪晚期）是近乎正方形的（23.3 米 ×23.8 米），但在南面被截断一大部分用来形成一个门厅。从遗迹上看，内部支撑的位置相当清晰，但是座椅（毫无疑问是木制的）的复原仅仅是一个合理的推断。

一座建于公元前 5 世纪晚期的建筑，朝向略微偏西，体积稍小一些（22.5 米 ×17.5 米）。其内部布置的主要迹象是，修整过的基岩从北、西、南缓缓向下倾斜，如同剧院向舞台中央倾斜一样。东墙和礼堂两翼的挡土墙之间留有通道。在这些挡土墙中有两根立柱，另外两根则在礼堂后面。入口在东南角和东北角，也可能在东侧的中部。虽然对总体方案已经相当确定，但座位的原始类型仍是推测性的，而且弧形大理石长椅进行的分层重建不可能早于希腊化时代，尽管早期肯定有一些简单的剧院式的安排是用的木制座椅。和大多数这种类型的议会大厅一样，这里没有为演讲者设置高台的痕迹。他们一定只是简单地站在“乐队演奏处”的位置上，除非他们站在一个没有留下任何痕迹的木制讲台上，或者只是将他们的位置进行简单的抬升。

奇怪的是，那间新的议会大厅对于它所应容纳的 500 人来说，实在是太小了；麦克唐纳恰如其分地将其与英国下议院进行了比较。它具有一种公众旁听席的性质，但我们不知道这是如何设计出来的。里面有雕像、绘画、宙斯和雅典娜的祭坛，还有许多刻有法令的石板。

这座最重要的公共建筑里最不起眼的位置让我们感到惊讶，因为它先是隐藏在旧议会大厅后面，然后又隐藏在扩建后的希腊风格的众神之母神庙后面。它的东侧，也就是通常应该是正面的地方，几乎不可能受到特别的处理，但在南侧有一个小的开放式庭院，在这一侧，早在公元前 3 世纪就增加了一个柱状立面，它可能与那个从东边的通道通向议会大厅的稍显难看的入口同时出现。因此，尽管雅典的议会大厅拥有很好的内部设计且预示着伟大的米利西亚（Milesian），它的位置和与邻近的建筑物的关系并没有得到较为妥善的安排。它确实没能像人们预期的那样在广场的建筑中占据突出的位置，而且出入也有些不便。事实上，在对待官方建筑的态度上，也可以和对待旧城的神社一样。几乎没有人会试图将建筑群体紧密地联系起来，更不用说通过正式布置的附属结构来引导和衬托一个重要的建筑。对比雅典的议会大厅和普里埃内的集会大厅可以发现，普里埃内大厅虽然四面都被紧紧地包围着，以至于它无法拥有一个属于自己的纪念性的门面，但它却有效地、方便地融入了城市和广场的规划，并与神圣的广场共用一个门面。而更大的差别则是米利都议会大厅拥有漂亮的列柱围廊和入口大门，而雅典的议会大厅只有一个朴实无华的小庭院和一个安置在尴尬位置上的入口。然而，即使在希波达玛式风格的城市中，也没有更多精心设计的人工形式的轴线和对称的规划。

普里埃内的集会大厅（建于公元前 200 年左右）有六七百个座位。外观朴实无华，但内部设计十分精良且美观。在一个平坦的广场上有一座祭坛，16 排石凳从广场开始逐级向北抬升，东面和西面各有 10 排，这是利用天然的斜坡而建的。最上面一层有 14 根柱子支撑着木制的屋顶，但即便如此，跨度还是相当大的（14.5 米）。柱子后面有一条座间通道。在南墙和座席的挡土墙之间是走廊，就像剧院里的演员通道（*parodoi*），南墙本身嵌有两扇门和一个宽大的长方形带座位的壁龛，壁龛里的座位无疑是为官员准备的。

米利都的议会大厅建于公元前 175 年到前 164 年，是为阿波罗、赫斯提亚和民众而建的。这些座位与其说是半圆形，不如说是圆形，就像在剧院里一样。与长方形相比，半圆形的优点是无论视听都比较容易，它的缺点是不能很合适地被安置在矩形的建筑物内，因为总是会留下一些尴尬的角落。

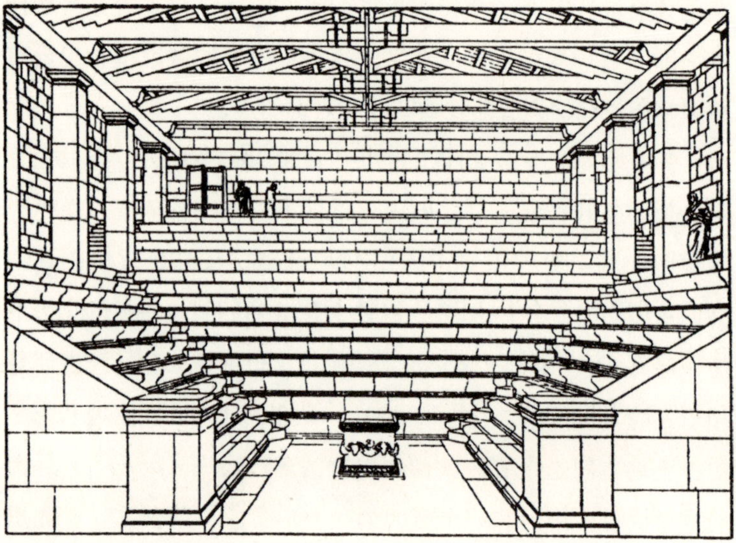

图 28　议会大厅，普里埃内。

在米利都，人们通过从两个后门引入楼梯来利用这些墙角。人们还想知道，占据其余空间的平台是否是公众旁听席，还有雅典是否也是如此。四根内部支撑物像在雅典的新议会大厦一样被安置在不显眼的位置上。这种排列方式和普里埃内的“Π”形都是主要的屋顶支撑方式，雅典是这两种支撑方式的先行者。这个议事厅长约 33 米，宽 22 米，可容纳 1200 人。它的外观比大多数前辈都更加华丽。墙壁的上半部分装饰着引人注目的半圆柱，南北两端都有花饰。

从正面向东延伸的是一个有柱廊的庭院，由一个入口进入，内含一座华丽的英雄神社。米利都的议会大厅是这一类型中最庄严的，加之其议事厅的面积原因，使其成为在建筑方面最引人注目的。其严格的对称性贯穿了入口、坟墓和礼堂，预示着更加复杂和宏伟的对称方案，将成为未来建筑的普遍模式。

还可以提及一两个其他的范本。西锡安（Sicyon）有一个大型的议会大厅，建于公元前 300 年左右。它的面积是 40.5 米 × 39.6 米。它有四排 16 根内部支柱，但是礼堂占据的仅仅是这个大厅的小部分空间。毗邻克洛芬的诺丁姆（Notium）有一个普里埃内类型的简单版本，建于公元前 3 世纪或前 2 世纪。位于阿索斯广场东侧尽头的正方形建筑，有四个内部支撑物，西面由五根柱子分隔出六扇门，它可能是在公元前 2 世纪初建造的一间议会大厅。麦克唐纳列举了许多其他可能的例子，但几乎没有什么补充作用。它们的平面图，甚至是它们的

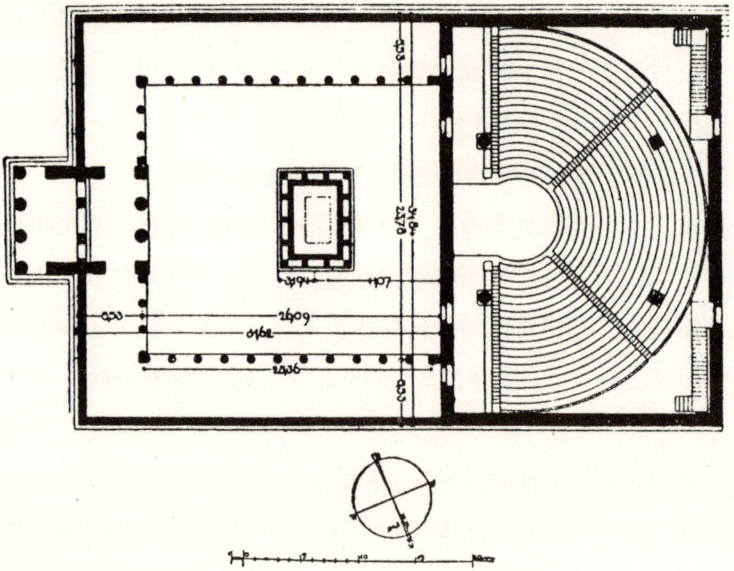

图 29　议会大厅，米利都。

鉴定标识往往都不太确定，以至于它们所提供的证据没有什么价值。

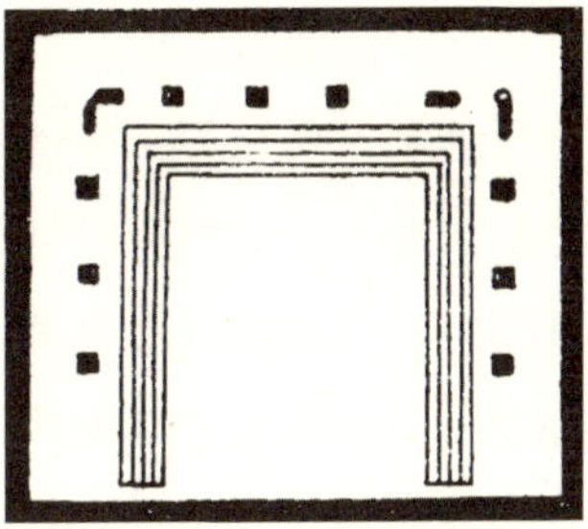

图 30　议会大厅，诺丁姆。

议事厅的最终形式是一个由四壁和屋顶的矩形或半圆形的小剧场，凭借内部的支撑形成“Π”或“::”两种形式中的一种。这也可能被认为是希腊建筑师们的另一个巧妙的创造，从简单的传统要素发展成为满足实际需要。同样，我们没有必要讨论外部模式和外国输入的影响。勒鲁（Leroux）认为，普里埃内的石柱排列方式是对埃及类型的一种顺应，但它不可避免地受到矩形安排的座位的影响，而座位本身又受到大厅外部形式的影响。

在罗马时代，许多有屋顶的小型剧院是为音乐表演和朗诵而建的，它们被称为演奏厅（Odeion）或音乐厅（Odeum），尽管这个名字和功能也属于其他类型，包括伯里克利时代在雅典建立的一个拥有大量内柱的矩形建筑。议会大厅显然也能用于这种演出。我们听说忒欧斯（Teos）的议会大厅里曾举办过音乐演奏会，伊利亚和士麦那（Smyrna）的大厅里举办过宣讲会。而且在一些议会大厅（包括米利西亚）里，后期还加入了舞台。

市政厅很难说是一种独特的建筑类型，因为它只不过是一种房屋，但是在功能上讲，它是既有趣又非常重要的。它的基本特征是公共壁炉，象征着城市的公共生活，壁炉里燃烧着永不熄灭的火，还供奉着灶神赫斯提亚女神。该建筑还包含一个餐厅，在这里给政府官员、外国大使和其他尊贵的客人，以及那些为国家谋取了利益争得了光荣的市民提供膳食。例如，成功出使或在奥林匹亚运动比赛中获胜。市政厅是对王室建筑功能的继承者，“普莱塔尼斯”（prytanis）一词最初是指“首领”，但在雅典它更适宜被解释为选举产生的议会委员会。即使国家不再由一个人来管理，它也需要一个国家中心，一个属于整个社会而不是个别公民的房子，在那里它可以提供服务、展示热情好客的一面。对于市政厅而言，比起英国传统的译法“Town-Hall”来说，“*Hôtel-de-Ville*”（乡镇公所）才是更恰当的一种译法。

在许多城市里，市政厅一定是非常古老的。人们可能会期待古代形式的存在，就像在奥林匹亚的议会大厅一样，但没有什么证据表明这一点。有人认为，市政厅通常是圆形的，就像意大利的女灶神庙（Vesta）一样，对她的崇拜类似于崇拜赫斯提亚，而且它还保留着原始的圆形小屋的形状。据我们所知，有些市政厅可能是圆形的，但现存的范例远远不能证明这是具有普遍意义的。雅典的圆形建筑物的确是圆的，但它的古代前身却大不相同。

奥林匹亚再次提供了一个有趣的样本。那里的市政厅是该遗址最古老的建筑之一。它的古典的外形在后来的重建工作中变得更加复杂，在其内部南侧有一个通道通向一个正方形的房间，里面可能设有壁炉。房间的两侧各有一个小院子，院子的外面各有一个石柱廊。西边的柱廊大概是餐厅之一，而北边的小房间似乎是厨房。从这个正方形的房间里，有一个较窄的内室通往后面一个较大的庭院。整个建筑呈正方形。

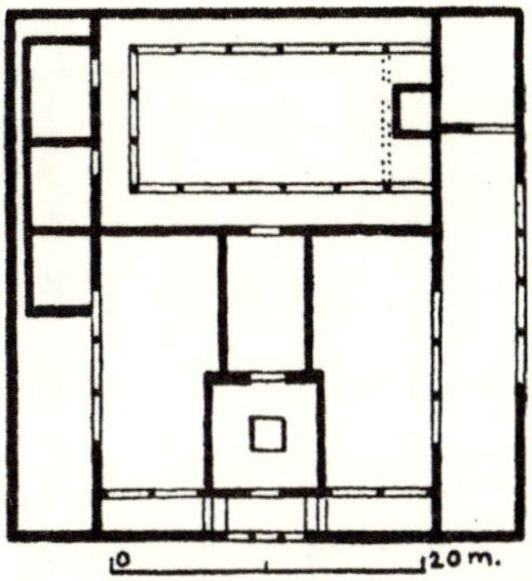

图 31 市政厅，奥林匹亚。

关于雅典的市政厅是存疑的，帕萨尼亚斯认为它位于卫城的北面、广场的东南面，但不能确定它是否一直在那儿。人们发现了一些可能属于它的轻微遗迹，但其鉴定还未得到证实。除了正式的市政厅以外，雅典人在圆形建筑物中还有一个类似的地方，它也被称为斯基阿斯，那里是市政成员们（厅长或委员们）吃饭和献祭的地方。在那里留存有官方的度量衡，有些已经找到了。圆形会场在公元前 5 世纪时的原貌是一个直径约 18 米的圆形建筑，内设六根柱子。入口在东边，在希腊时代晚期增加了一个柱状的门廊。北面是一间附属建筑物，里面无疑也有厨房。

圆形会场距离议会大厅很近，这很方便，不像市政厅那样距离很远。后者除了具备其正常功能外，还被某些地方法官使用，是一种特殊的原始法庭，无生命的物体在那里被审判为谋

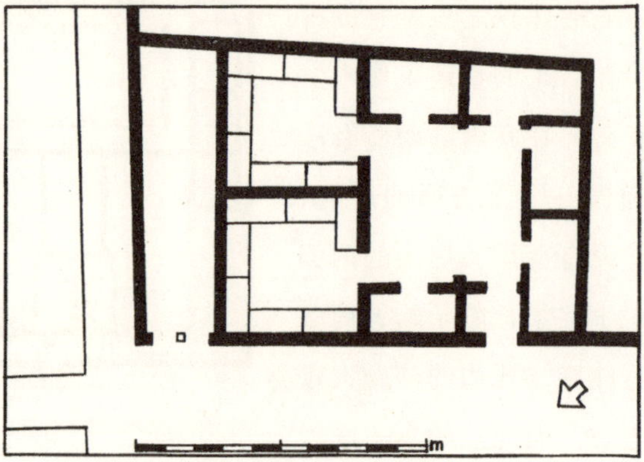

图 32　市政厅，伊洛西斯。

杀，并留存有《梭伦法典》（*The Laws of Solon*）的副本和一些荣誉雕像。

在没有清晰的地形或铭文证据的情况下，这种类型的不清晰使得鉴定工作变得困难。但是，如果一个类似于房子的建筑物，可能拥有一个纪念性的入口有别于其他建筑，并与广场相连，那么它就可能被暂时命名为市政厅。古代的传统可能已经在一些古老城区的其他地点被固定了下来，但是选择靠近广场的地点是正常的，如希波达玛式城市中的市政厅。我们在米利都遇到过一个例子。在普里埃内，这个鉴定几乎是确定的：房间的三面都有列柱围廊，且毗邻集会大厅，这不可能是其他建筑。壁炉也许在房间的东南角。在麦格尼西亚，市政厅可能是一个坐落在广场西南角的形状和位置相似的建筑物，只是面积更大一些。

第六章

体育馆、体育场和剧院

综合训练馆（gymnasion），是指人们脱去衣服锻炼的地方。众所周知，体育（gymnastics）在希腊人的生活中扮演着很重要的角色。在正常的教育计划中，体操（*gymnastike*）是对音乐与文学的补充，所以必须留出适当的区域，让年轻人可以跑步、骑马、拳击、摔跤、掷铁饼或者玩球类游戏。体育馆主要被认为是一个广阔的运动场地，而不是一个紧密相连的建筑单元。它是一个精神和身体训练的中心，并不可避免地成为普通社会生活的中心，就像广场和柱廊一样。随着时间的推移，适当的建筑物会被建在体育场内及其周围——柱廊、公共浴室、更衣室、储藏室、教室和演讲室等。严格来说，角力学校（palaestra）或格斗场是体育馆的一部分，尽管它也可以独立存在，但当体育建筑达到一种成熟的建筑形式时，它便成为那个很重要且最具特色的部分。因此，这两个词之间严格意义上的区别没有被保留下来，甚至两者倾向于变得可以互相替代也就不足为怪了。正常类型的体育建筑最终演变成为一个被各种房间包围着的柱廊式球场。它有时被称为体育馆，有时也被称为角力学校，然而这些建筑很难成为古老的大型体育馆（extensive gymnasia）。

我们前面已经指出，体育馆是一个进行精神和体育教育的地方。但在深思体育馆的本质及其在城市中的地位之前，这一点需要做进一步的强调和解释。“体育馆”这个名字，与“角力学校”一样都是指可以进行体能训练的场地的意思，这并不出乎意料。运动和军事训练的需要首先决定了体育馆应该设在哪里，以及它应该采用什么样的形式。在早期的教育中强调——培养优秀的士兵——这一点在以后的教育中也不会消失。但古希腊人的理想是身体教育和智力教育之间实现完美的和谐，两者都不应仅仅成为对方的附属物，它们甚至不应该分开进行，而是紧密结合在一起，这样有助于对人的全面塑造。虽然这是一个很难一以贯之去实现的理想，但它对教育实践产生了意义深远的影响。体育、艺术甚至哲学之间的结合，在体育馆的日常运行中和它的布局以及建筑形式上得以体现。

大城市中数量众多的学校，直到后来仍然主要是私人机构，在建筑上可以与房屋住宅归为一类，只是有些学校拥有自己的角力场所（其他学校则不得不租用体育馆或使用公共体育馆）。但在希腊人的理想中，“学校教育”只是教育（*paideia*）的一部分，而真正完整的教育包括所有对身体和心灵塑造方面的影响。父母当然是“老师”，但政治领袖、诗人——特别是剧院里的诗人——以及其他许多人也都能成为“老师”。可是没有任何地方比公共体育馆（gymnasia）更有机会使这些广泛的教育产生影响效果。因为形形色色、年龄各异的人们经常到这里来锻炼身体，进行艰苦的运动训练，接受教育以及进行普通的娱乐消遣。

正如帕萨尼亚斯所深知的那样，希腊的每个城镇都有自己的体育馆（gymnasium），它是构成城市的要素之一，其重要性就像是没有广场的卫城一样，那是不完整的。大城市中除了角力学校之外，都有两个甚至更多的体育馆。雅典，除了它的三个古老而著名的体育馆之外，后来又增加了四五个其他的训练场所。各种各样的官员被任命来监督体育馆的活动，尽管这些活动在最伟大的时期里并没有被太正式且精心地去组织。这里不是讨论希腊教育的组织细节、规划及其不同阶段的地方，但人们可能会注意到，对它们的特殊照顾突显了体育馆在城市生活中的重要性。

也许在早期，广场所具有的诸多功能中还包括了“乡村绿地”，在那里年轻人可以练习、举行体育比赛和进行游戏，而年长的人们可以聚集在这里一起观看这些活动。这是一个合理的假设，且有少量的证据将广场与体育运动联系起来。但即便如此，随着时间的推移，广场变得越来越不合适了，并且从很早的时候起，这个功能就已经属于体育馆了。各种因素的影响决定了它应该向何处发展。早期的体育馆总是附属于某个相应的神祇或一些当地英雄的神社，它与宗教的联系十分紧密。

赫尔墨斯与赫拉克勒斯（Hermes and Heracles）是体育馆的神祇，但在宗教上则表现出极大的多样性。普鲁塔克（Plutarch，希腊传记文学家）给出了一个有趣的、相对较晚的历史范例（泰摩利昂）：锡拉库萨市（Syracuse）在广场上为其解放者泰摩利昂修建了一座坟墓和英雄神社，并用运动来纪念他。后来在它周围建起了一座漂亮的体育馆，并配有柱廊、花园和音乐厅。体育馆经常会以神祇或英雄的名字进行命名。从崇拜的考虑出发，一个僻静的地方是最好的，在那里可以让人在安静、愉快和健康的环境中进行训练。可提供阴凉的树木会更好，而充足的水源是必不可少的。附近有天然泉水绝对是一种优势，否则，水不得不经由管道输送到这里。体育馆通常与体育场（stadium）紧密相连，在这种情况下，它的位置是由决定体育场选址的因素决定的。因此，在这些各种各样的环境影响下，体育馆自然而然地会出现在不同城市的不同地点。较老的体育馆偏爱城市或郊区的边缘地带，在那里它们可以像公园一样铺展开来。但我们也可以在城墙内甚至在城市的中心（西锡安，伊利斯）看到古老的体育馆。在后来，这种情况更为常见，如梅格洛波利斯、雅典托勒密（Ptolemy）的体育馆。柱围廊式的体育馆或角力学校已经发展起来，在内城建筑中就可以更加自然地找到它们的位置。在有着棋盘式街道的城镇里，它可以占据一个或几个街区。事实上，矩形街道规划可能有助于为体育馆和其他建筑物提出并发展一种紧凑的矩形形式。体育馆在计划中仍然一直没有标准的位置；它可能像米利都的体育馆一样在广场附近，或者在城市最边缘。在普里埃内，下城的体育馆坐落在南部边缘，虽然有些分隔开来，但仍符合普遍定位。而上城的体育馆则嵌入街道系统中，占据了一个住宅区的位置。尼西亚（Nicaea，小亚细亚西北部古城）的体育馆，如斯特拉波（Strabo）所描述的，一定是个例外。从那里人们沿着街道望出去，可以看到城市的四扇大门，而一座体育馆坐落在这样关键的中心位置是不太寻常的。

关于最早的体育馆的形式，我们知之甚少。即使没有相关的证据能提供信息，但从建筑上却能了解到一些。福格斯（Fougeres）非常合理地认为体育馆的历史上有四个阶段。在第一阶段里，除了一个跑道、跑步路线或体育场之外，什么都没有；第二阶段是在古代时期，雅典将为其提供范例；第三阶段是公元前 4 世纪和希腊化时代；第四阶段是罗马时期，超出了我们目前讨论的范围。高度发达的体育馆建筑形式则相对较晚出现。

我们有很多关于雅典古代体育馆的一般资料——它分为学院（Academy）、学园（Lyceum）和快犬（Cynosarges，一座位于古希腊城墙外的公共体育馆）三类。其中学院是所有体育馆中最著名的。它位于城市西北城门外 3/4 英里处。这个名字来自一个不太出名的古代英雄阿卡德摩（Academus），或者更确切地说，最初是叫赫克德莫斯（Hecademus），人们对于他的崇拜与普罗米修斯（Prometheus）和赫菲斯托斯（Hephaestus）有关。雅典娜也被供奉在那里，她的神社里有12棵神圣的橄榄树。宙斯有一座祭坛，赫尔墨斯和赫拉克勒斯也各有一个。体育馆至少可以追溯到公元前6世纪的僭主统治时期，我们听说希巴克斯（Hipparchus）建了一堵墙。在公元前5世纪的西蒙（Cimon）时期，它变成了一个公共公园；西蒙改善了供水条件，并种植了各种各样的树［普鲁塔克，西蒙（Plutarch, *Cimon*）］。阿里斯托芬的作品《云》（*Cloods*）中描绘了一幅学院与树木之间的美景：

> 但你要到学院去走走，在橄榄树下辩论；
>
> 头戴芦苇的花冠，同优秀的对手和朋友来一场速度的较量；
>
> 带着忍冬的芳香和宁静的气息，还有菩提花瓣与叶子一起飞扬飘落；
>
> 在悬铃木对榆木呢喃私语的果园里，在美丽的春天里。

这样一幅画面可能被认为是旧时体育馆的真实写照。

学园和快犬肯定是相似的。学园是位于东郊的阿波罗神社，且一定非常宽敞，因为它是用来进行骑兵演习——就像学院一样——以及用来集结军队。学园里也种植了很多树木。快犬，它的名字甚至对于古人来讲也是一个谜——坐落在城市的南边，伊力索斯河（Ilissus）对岸。赫拉克勒斯是那里的主神，但他的一些朋友和亲戚也有祭坛——阿尔克墨涅（Alcmene，赫拉克勒斯的母亲）、伊欧拉斯（Iolaus，赫拉克勒斯的侄子）和赫柏（Hebe，青春女神）。因此，雅典几乎被这些令人愉快的景点所环绕着，在那里，神社、体育馆和公园是相连的，且运动的、社会的和理智的生活自由发展。这种古老体育馆的布局一定是不拘一格且多种多样的。除了树木和空地之外，还有神社（通常是简单的，不是那种宏伟的神庙）、祭坛、围墙、跑道和其他简单的游戏和练习设施，以及柱廊。那里的土地上会有越来越多的神祇、英雄和人的雕像，包括创始人、赞助者和成功的运动员等。在公元前4世纪，雅典的这三个郊区体育馆都成为哲学学校的所在地。无论是过去还是现在，常客和访客之间都经常进行非正式的政治和伦理的讨论。苏格拉底就经常光顾学园和其他的体育馆。但这种趋势使得群体被具体化了，就像在特定的地方围绕着特定的老师，该群体就逐渐形成了学校。柏拉图在神社附近的一块土地上建立了他的学校，而不是在旧的体育馆。这个机构是所有大学之母，它最初是学院的附属物，不久就有了自己的名字。在快犬里，安提西尼（Antisthenes，古希腊哲学家，犬儒学派创始人）和犬儒主义者们（Cynics）找到他们的归宿。亚里士多德学派，即逍遥学派，认为自己出身于学园。西奥弗拉斯塔（Theophrastus，古希腊植物学创始人）很像柏拉图，他在体育馆附近拥有一座花园，里面有一个柱廊和一座缪斯（Muses）女神的神社，并在遗嘱里写明要将这里留作教育之用。总体来讲，由于体育馆在雅典人生活中占有重要地位，尤其是其与哲学流派的联系，使得它在人类历史上的重要性不亚于卫城或广场。人们希望对它们有更多的了解。某些与快犬相关且存在疑问的少量遗迹即使关于它们的鉴定是可靠的，但能够告诉我们的信息很少。在战争爆发前几年，希腊考古学家发掘出了学院的确切位置，并发现了一个有趣的遗迹，包括围墙、神社、角力学校和其他结构，但是对该遗址的地形地貌目前尚不清楚。

毫无疑问，雅典的体育馆在数量和精神上都有其独特之处。我们可以与斯巴达的普拉塔尼斯塔斯（*platanistas*）做对比，它被一条有两座桥的护城河环绕着，而且在沿河周围种满了梧桐树。在这里，由来库古所规定的部分训练内容，让年轻的斯巴达人彼此激烈地战斗，并把对方扔进水里。附近有通道或跑道，还有两个体育馆，以及英雄和神祇的神社。狄俄斯库里兄弟［宙斯之子，卡斯特（Castor）和波吕克斯（Pollux）］在这里被尊崇为“Apheterii”或“Starters”。所有这些都在这座城市的西部。

帕萨尼亚斯对伊利亚斯的描述为我们描绘了一幅有趣的画面，在旧体育馆的基础上又增加了新式的建筑。帕萨尼亚斯说，运动员们在去奥林匹亚之前，都会去旧体育馆进行训练，这也是伊利亚斯最值得一提的事情之一。旧体育馆内墙和跑道之间种植着梧桐树；还有一处是组织者在摔跤比赛时分配参赛者的地方；那里有赫拉克勒斯和其他神祇的祭坛，包括厄洛斯（赋予爱）和安忒洛斯（回报爱），以及阿喀琉斯（Achilles）的衣冠冢。这里还有另一座以形状得名的“附属体育馆”，为方形场地，它主要用于摔跤。显然，更准确地说，这就是所谓的“角力学校”。然而另外一个附属体育馆（gymnasium-enclosure），其中包含角力学校，那是为年轻人保留的，同时为议会大厅找到了空间，在那里会举行即席演讲和朗诵表演。虽然规模如此之大，但伊利恩体育馆（Elean gymnasium）却坐落在城市内部——广场的西边。

对于那些没有与建筑单元紧密结合在一起的、包含了五花八门元素的体育馆，德尔斐（Delphian）提供了最丰富的考古证据。伟大的国家神社，尽管它们不会是经常性的体育馆和社交场所，使用也集中在节日期间，但由于它们是重要的运动盛会的中心，所以仍然拥有自己的体育馆和角力学校。德尔斐体育馆宏伟地矗立在阿波罗神社的东侧——在普雷斯塔斯（Pleistus）山谷的高处，帕纳索斯山（Parnassus）高耸悬崖之下。要使这样一个地方适应体育馆的需要就需要一些巧妙的设计：斜坡被削成两个阶梯式地貌，上面有带坡度的跑道，石柱廊，不规则的围墙环绕着一些洗脸盆和一个圆形大浴池，以及方形角力学校和许多附属房间。现存的遗迹主要是公元前 4 世纪的，但体育馆无疑要更早一些。帕萨尼亚斯说，遗址上原来有一片野树林，毫无疑问，体育馆里也有种植树木。

公元前 4 世纪，尤其是在希腊化时代，一种更为复杂且非正式的建筑类型被用于体育运动和综合训练。它可能仍然是一个延伸建筑物的一部分，如同德尔斐的角力学校一样，但是它也可能是一个独立的机构和一个完整的建筑单元。它由一个正方形的石柱廊庭院组成，庭院的四边都有不同的房间且能通向柱廊。早期希腊建筑在柱廊和其他元素的安排上更倾向于某种非正式性和开放性，完全规整的列柱围廊式庭院与早期的希腊建筑格格不入。勒鲁确实认为，列柱围廊在本质上是希腊风格的，并否认了列柱围廊式体育馆和其他这种形式的建筑物属于更早时期的说法。但总的来说，在公元前 4 世纪，人们似乎有可能，为了各种各样的目的，开始更充分地利用（已经初步试用过的）列柱围廊。我们已经看到，列柱围廊式广场是一个晚期的非希腊式（un-Hellenic）的概念。但广场不仅仅是一座单一的建筑物，也不仅仅是任何普通的建筑群，并且它自身简化为一个封闭的带柱廊的庭院则意味着一个更根本的改变。

勒鲁认为，列柱围廊式体育馆只不过是一个以牺牲房间为代价来使庭院面积扩大了的列柱围廊式的房屋，相当于在新建筑理念的影响下，那个由一些旧的松散的元素组成的体育馆缩减到紧凑和规则的形式。

对于这种类型的建筑有一个很好的例子，我们可以再去看看一个泛希腊追随者的重要神社。在毗邻埃皮达鲁斯的阿斯克勒庇俄斯神社，其南部有一座大型建筑物，紧靠体育场的东侧，

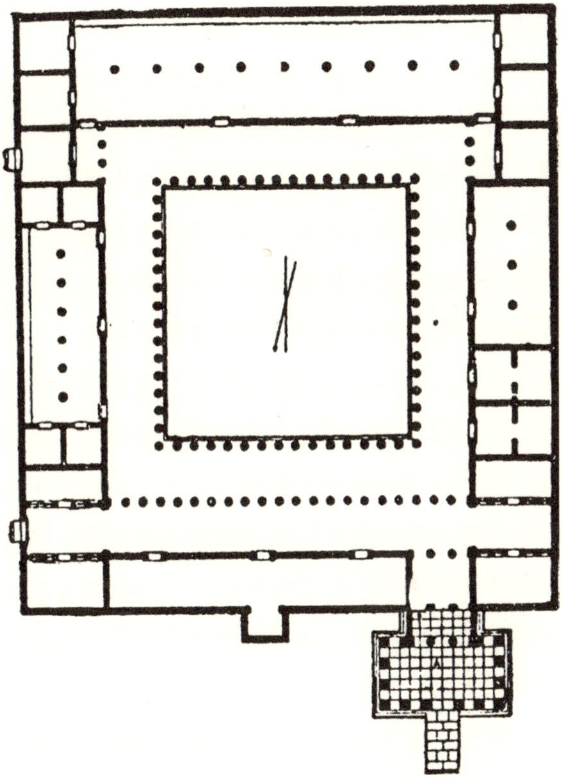

图 33　毗邻阿斯克勒庇俄斯神社的体育馆，埃皮达鲁斯。

已被合理地认定为体育馆。它的年代可以追溯到公元前 4 世纪，然而勒鲁否认了这一说法，并武断地说它是希腊风格类型中最完整的标本之一。它长 75.57 米，宽 69.53 米，拥有一座宏伟的柱廊式庭院，且北面的柱廊是双层的。周围的房间形状各异，大小不一。有些是有内柱的大厅，有些则相当小。在北侧的西端有一个令人印象深刻的入口，四周环绕有圆柱，还有一些辅助的入口。这座建筑的内部在罗马时代被完全改造成一个小剧院或音乐厅。向北一点有一个类似的建筑物遗迹，但更小、更简单，初步鉴定为一个角力学校。

奥林匹亚的角力学校就是一个非常明显的例子。它建于公元前 3 世纪末，但基本上还是属于简单的类型，形成了一个精确的、边长为 66 米的正方形。它没有像埃皮达鲁斯那样精心设计的入口，只在南门有个不显眼的入口。这种设计本身就说明了一切，只是它没有表明不同房间的身份和用途。由于房间的布置和设备都很简单，所以通常情况下留下的遗迹也很少，这就让人很难辨别它们。但是我们从维特鲁威和其他资料中得到了我们想要的东西。这里有用于换衣服的房间，有在身体上涂油和在手上蘸取粉末的房间，还有存放油和设备的房间。体操场（*ephebeion*），类似一间俱乐部兼讲堂，是其中最重要的房间之一。里面有浴室，但并不像罗马浴场那样精致华丽，而是实用而简朴的。在奥林匹亚角力学校里，东北角的浴室有一个沉降在地板下方的蓄水池一样的大水池。但在其他地方，也有盥洗池或可移动的浴池，而它们在某种情况下肯定早已经消失无踪，没有留下任何遗迹。靠近入口的小房间的用途也许是充当门房。在通过开放式柱廊向外看的大房间里，访客们可以坐下来聊天或休息，或观看运动员们在院子里练习摔跤、拳击、跳跃等。在陈设和装饰的细节中，人们可能会提到雕像，偶尔也会提到绘画，学生和运动员获胜者名单的碑文，以及后来出现的图书馆。

在奥林匹亚，还有一个被称为“体育馆”的建筑物与北边的角力学校相连。帕萨尼亚斯在描述它们时使用的词语似乎暗示着，可以将角力学校视为体育馆的一部分或附属物。体育馆的主体部分比角力学校大得多，它被赋予了一种纪念性的形式，而这是后来的事情。遗迹表明，有一个石柱廊紧挨着北面角力学校的墙，在东南角有一个漂亮的入口大门，沿着东侧有一个巨大的双柱廊，长得足以容纳一个跑道，运动员可以在这里进行非露天练习。根据帕萨尼亚斯的说法，与之相连的是“运动员的住所”。由于哥罗底亚斯河（Cladeus）的改道，使得体育馆西侧遭受了严重的破坏，其布局也就不能确定。值得注意的是，这些奥林匹亚建筑的年代较晚。在节日那些特殊日子里，安排的练习和实际比赛一样，想必都是简单而朴素的。

人们会注意到，在奥林匹亚的角力学校中，北侧的房间比其他房间要深一些，而位于中间的房间是整个建筑中最大和最重要的。这在一定程度上强调了北侧的位置。这一原则在某些明确的希腊风格的体育馆中得到了很好的贯彻。它是长方形的，在其中一个短边上，拥有一座高于其他建筑的重要的建筑物。在这一边还有一个爱奥尼亚式柱廊，与其他三边较低矮的多立克式石柱形成鲜明对比（在其他类型的体育馆中，四周通常都是统一的石柱）。有一个很好的范例就是毗邻米利都北广场的体育馆，它建于公元前 2 世纪。在它的北面有一排房间坐落在一个雄伟的爱奥尼亚式柱廊的后面，简单的多立克式柱廊在其他三面，且背后没有房间。在南侧的中部有一个爱奥尼亚式的入口。建筑物的北侧自然要高一些，这样房间就可以照射到冬天的阳光了。

冯·格尔坎发现这种类型的体育馆体现了与“马蹄铁”广场相同的建筑布局原则，但它是完全封闭的，从入口开始就强调轴线且主房间在入口正对面，以及事实上三个统一的柱廊形成了两个长边和一个短边，而非两个短边和一个长边等这些情况，使之有相当大的不同。类似的建筑还有带前院的米利都议会大厦。该类型也与一些罗马广场有相似之处，并可能对其产生了影响。

普里埃内（公元前 2 世纪）的下城体育馆结合了这两种类型的特点。庭院四四方方，柱廊形式统一。但是主要房间集中在北面，其中包括一座美观的学校抑或讲堂，正面除了两列石柱之外都是开放式的，且这里地势比建筑物的其他部分要高。这些房间并没有直接从北面的柱廊向外打开，而是通过一个狭窄的前院与之隔开。入口是一个非常简单的柱廊，轴向设置不是在南侧，而是靠近西侧的北端。北边的柱廊与毗邻的体育场相连，非常方便。在普里埃内的一座体育馆设计中，希腊建筑师们演变出了一种简单但非常耐用的学校建筑类型，良好的设计兼具美观与实用性。

在这里，我们没有必要继续深入讨论关于体育馆的进一步发展，只是通过简单地对比一下的方式来说明。帕加马的大型三层体育馆是在设计上过分奢华的代表。它占地三块阶地：最高处，是一个有柱廊的大型庭院；在中间的平台上，有一个狭长且相对较窄的围墙建筑；在最低处，是一个小且不规则的围墙建筑。在罗马时代，尽管旧的类型还在延续，但是运动设施变得极尽奢华。特别是他们还配备了精心准备的热水浴。事实上，这些往往成为主导因素，因为在这个阶段，体育馆和温泉浴场有时几乎是同义词。

没有什么能与基于实用而简朴的希腊体育馆的原始特征相比产生更强烈的对比了。它的起源很简单，不仅在古老的训练场里，而且在公元前 4 世纪和以后的几个世纪中所创造出来的更复杂的类型里，它都依然保留着其质朴的品质。

体育场也是由简单的自然元素发展起来的，在希腊田径和奥林匹克节日的伟大时代里，它的形式尚未成熟且建筑还很朴素。人们更倾向于猜想，那些现代雅典华丽重建的宏伟体育场，两侧都是一排排大理石座椅围成弧形首尾相接，在另一端有一个纪念性的入口，这对于展现典型的古代体育场外观来说绝对是一个好主意。而事实上，雅典体育场直到来库古时代（公元前 4 世纪）才得到了纪念性的处理，而新建筑的形式则是公元前 2 世纪由希罗德·阿提库斯（Herodes Atticus）花费和使用大量金钱、大理石创造出来的（帕萨尼亚斯）。这样有看台的大型露天体育场在公元前 5 世纪并不存在，到最后可能也只占少数。帕萨尼亚斯将埃皮达鲁斯附近的阿斯克勒庇俄斯神社的体育场描述为“像大多数希腊体育场一样，由一堆土组成”。

“*stadion*”这个词表示的是一个距离单位，大约 200 码，伴随着一些本土化的变异，它演变成为一场赛跑要跑完的距离以及举办比赛的场地。这三层意义紧密联系在一起，很难表明其中任何一个是主要意义，但是可以肯定的是，这个词用于形容人工创造的跑道场是次要的。斯塔德（stade）大约是一个人能全力奔跑的距离极限。赛跑是非常古老的风俗习惯，是奥林匹亚最古老的运动，在那里会举行希腊最伟大的国家运动会。赢得比赛是最高荣誉，胜利者将以他们的名字命名奥运会或四年一届的比赛。体育场主要是为这种比赛而设计的：铺设了一条笔直而狭窄的跑道，大约 200 码长，观众们可以在两边各站一排。在较长距离的比赛中，参赛者在同一赛道上跑来跑去，在两端急速地绕过一个或一系列转柱。根据传统，较长的赛跑项目是后来在奥林匹亚增加的，而且在赛道的形式上对他们没有做出任何让步，尽管使用像现在这样的圆形或椭圆形的赛道会更方便些。该体育场有时也被用来进行拳击和摔跤比赛。

因此，基本的必要条件非常有限：需要一块平整的土地，长度要超过 200 码，以便在两端为参赛者留出自由空间。宽度要能达到足以让十几个或二十个赛跑者并排赛跑，实际宽度在 100 英尺左右，变化幅度很大。对观众而言，如果他们所处的地面两边是一端或者两端被抬升的话，都将是很方便的。

希腊人经常求助于大自然，希望能找到一个有自然斜坡的现成场地。此体育场甚至在其完全成熟的形式下与带有精心设计的支持拱顶系统的罗马圆形剧场相去甚远。如果在体育场中发现这样的下部结构，这无疑标志着一个晚期建造的迹象。在早期，除了建筑施工技术上的缺陷外，经济是影响其发展更重要的因素。处于两座低矮山丘之间的一条长长的浅槽是一个很好的场地；而最佳的地点是一个平坦的山谷与缓坡地汇合，一直延伸到缓坡的地面上，在其两端皆有天然的堤岸，一端可见尽头，另一端可作为入口。雅典人在他们城市的东南部找到了一个几乎是理想的地点，处于两座山之间，在山谷的深处也有一个斜坡，开阔的入口面向城市，在那里一座桥建在伊力索斯河上（Ilissus stream）。如果没有这些天然优势，至少可以在一侧提供一个天然堤坝，将赛道放在斜坡脚下或放在山坡上的阶地上；然后在相反的一面再修建所需要的人工堤坝。在任何情况下，斜坡都可以人为地扩展、完善和调整。

显然，场地的选择主要取决于自然轮廓。体育场在城市的布局中没有标准的位置，与其他的大型建筑也没有明确的联系。其方向有巨大差异，在城市中倾向于东西向。正如我们所看到的，广场可能在早期曾是游戏和运动的场所。在一个建筑复杂的社会里，它几乎不可能保持这样的状态，但我们发现了一两种可能的遗迹，它们十分奇怪地把广场与赛跑联系在一起。帕萨尼亚斯说，有一条通往斯巴达广场的街道被称为阿弗塔斯（Aphetais）或者“起跑杆街”，因为在珀涅罗珀之手（hand of Penelope）争夺战中，据说奥德修斯（Odysseus）和他的对手在此开始了他们的对抗。在科林斯广场（Agora of Corinth）的东侧，挖掘者发现了一条可供 16 名参赛者使用的起跑线（一排石板，有一对平行的凹槽）；它的建造时间是公元前 3 世纪，但在它的下面是一列公元前 4 世纪的起跑线，其形式和方向截然不同；在这里举行的比赛可能具有礼仪色彩。在一个城市的中心区，可能很难装备一个完全成熟的体育场。但有些时候，体育场与体育馆有着密切的联系，这是很自然的；事实上，体育馆最初不仅仅是一座建筑，而是城市 1/4 的体育场地，很可能被认为是体育场的一部分或附属设施。另外，一些大型体育馆有自己的全尺寸跑道，有时在柱廊的遮蔽下，以便训练。体育场的巨大规模意味着它最常被放置在城市的郊区，有时位于城市的最边缘，但仍然在环形墙内；有时，在城市内部如果没有合适的场地，就放置在城墙外。在弗里吉亚（Phrygia）的埃扎尼（Aezani），剧院和体育场紧密相连，剧院包围着体育场的一端，但这种布局安排出现的时期较晚，不具备典型性。希腊城市的两座大型展示性建筑之间的紧密关系通常是相对偶然的。在整齐规划的城镇中，体育场是个相当难以融入规划的元素，让它笨拙地横跨许多街道是不可取的。当然，它可以完全脱离主体规划，直接放置在城市外部；但是，通过将其放置在城市边缘，并发挥一点聪明才智，爱奥尼亚的建筑师能够使其成为希波达米亚规划（Hippodamian plan）中的一个有效单元。米利都和普里埃内提供了一些例子。在前者，城市的城墙在侧面便捷地作为一个后盾，这时有必要进行人工筑堤；在后者，城墙的位置相同，但这一侧没有堤坝。但二者都有相邻的体育场。

关于体育场的早期的发展目前可以在希腊体育场的“母亲”——奥林匹亚体育场——进行研究，它和其他体育场的关系就如同雅典剧场之于其他剧场。德国考古学家在战前几年开始了一项新的调查，虽然他们的工作因战争被迫中断，但他们依然能够给体育场的发展阶段做出一个定义。公元前 6 世纪中叶，赛道以北的山坡被修缮，南部修建了一条低矮的堤坝（与宙斯神社相邻的西端，可能在公元前 4 世纪以前一直都开放）。在公元前 5 世纪，也许是宙斯神庙建立的时候，建造了更大、更标准的广场。另一次相当大的扩建发生在公元前 4 世纪，沿着河岸的底部设置了一排石块。同时，这条赛道被重新改造，两端都有一排刻有凹槽的石板，用来标记起点和终点，并且四周还有一条通向水池的水道。供水问题很重要，排水系统也是一个重要问题，因为赛道位于山坡上或沟壑中间，在大雨时极易受到破坏。早先的赛道安排得很令人费解，但无疑非常简单。也许最初的起点和终点仅仅是用柱子和在地面上画线来标记的。在奥林匹亚里体育场的两侧，虽然和其他几个体育场一样，不是很直，但在中间凸起了一部分，以便让观众有更好的视野。在罗马时代，路堤又被改造翻修了两次；随着时间的推移，斜坡有变陡的趋势。人们会注意到，即便当其他体育场馆提供与剧院相同类型的座位时，伟大的奥林匹克体育场保留到最后，基本上就像帕萨尼亚斯所说的“土堤”一样，就像雅典庄严的剧院，同样的保守主义也体现在最古老的体育场馆中。在奥林匹亚，最接近较成熟形式的方法是在后期修建阶梯式的路堤或部分路堤，并用轻质挡土墙支撑。在南侧有一个供官员使用的平台；这种形式最早出现于公元前 4 世纪的体育场。裁判和竞技双方从位于西北角的阿尔蒂斯（Altis）或宙斯圣林（sacred grove of Zeus）中进入，经过象征着因违反规则而被处罚的青铜雕像；其入口最初是一个开阔的通道，在罗马时代是拱形的。雕像和祭坛完成了完整的布局。

尽管奥林匹克体育场在后期阶段表现出显著的保守性，但它的早期发展甚至是公元前 5 世纪至前 4 世纪的形式都可能被

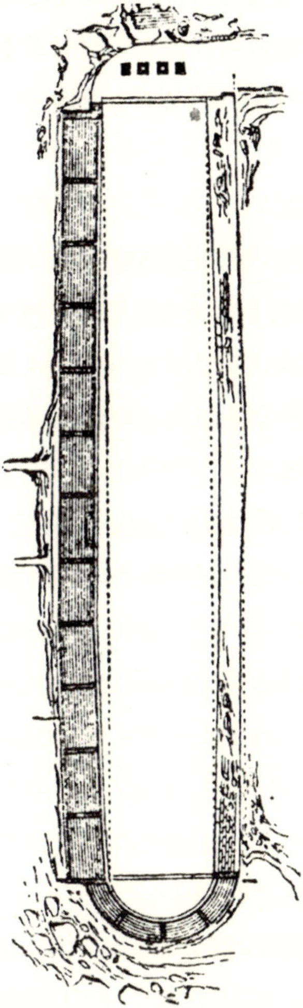

图 34　德尔菲体育场。

视为是典型的。在希腊化时代之前，大规模的由石头或岩石切割而成的座椅的采用可能是非常特殊的；当引入时，它是仿照剧院的座椅，用楼梯将其分开（有半圆形末端的楔形物），并且在体育场中有一个水平通道或大间距的过道，有时在顶部建一堵墙甚至一个石柱廊。

两端呈半圆形（弧形看台），是后来体育场形式的特点，可能在希腊时代才成为惯例。这与体育场的原始性质是不同的，它适应了站在体育场两侧的观众的需要，这至少有一部分是由于剧院的影响。弧形看台可以供剧场某些类型的场景使用。这也有助于体育场接近于罗马圆形剧场，虽然这是一种完全不同类型的建筑，为了完全不同的功能而设计的。事实上，在雅典和其他地方，为了将体育场改造成一种用于危险体育运动的圆形剧场，在赛道周围设置了高障碍物，现在变成了竞技场。有些晚期的体育场两端都有一个弧形看台。体育场最初的简约性通过使用碑柱形入口和复杂的起跑安排而被进一步掩盖，这种状况延续到罗马时代。在后来的作家作品中，“体育场”和“圆形剧场”这两个词有时使用起来没有什么区别，连同露天圆形竞技场（amphitheatre），它最初是指一个大型球场，就像一个放大了的赛马场和战车竞技场。

希腊剧院的历史是一个庞大而复杂的学科。文学和考古证据特别难以处理，并产生了大量有争议的文献。就目前的目的（即确定剧院在城市总体建筑框架中的地位，只给出剧院形式的基本要素）而言，我们不必非常深入地卷入这些争论或试图解决这些问题。他们最关注的是“舞台建筑”（弧拱），它最初是整个建筑中最不重要的部分，并在一段时间内与其他部分保持松散的联系，直到希腊化时代才得到充分的发展。

我们现在使用“舞台”这个词，一般来说是指“剧院”或“戏剧”；如果用它来形容希腊的古典剧院则涉及一个时代错误，或者至少是一个不确切的强调。希腊剧院的中心是乐队演奏处，一块由硬土形成的“跳舞的地方”，但通常不近似于圆形。无论是从戏剧的历史发展还是从戏剧的发展形态来看，都必须把这一点作为核心。在这里演出了古老的仪式、歌曲和舞蹈，也成为戏剧赖以发展的源泉。这些例行表演为那些没有直接参与的人提供了一个独特视角。因此，必须为观众找到一个方便的地方，一个观众区或“观看的地方”。最好是在平坦的乐队演奏处上方有一个斜坡，或者最好是三面围成的中空地带，尽管也有一些证据表明，早期的木架支撑极有可能存在倒塌风险。“观众区”这个名字后来被用来指整个剧场，因为观众席是绝对的主要元素。乐队演奏处——尽管它仍然是焦点，将整个大剧院聚集在一起——在建筑体系上几乎是不存在的。随着戏剧的发展，必须对表演者，提供进一步的服务。这个元素由它的名字“景屋”（*skene*）就可以看出。它为表演提供了一个背景，并在一段时间内提供了一个舞台，侵占了乐队演奏处的功能和空间；但最初，以及在雅典戏剧的伟大时代，它是简单的、从属的，直到公元前5世纪末，都不是一成不变的。

在考虑剧院在城市中的地位之前，我们有必要先初步了解一下它的形式，因为后者直接取决于前者。与体育场一样，甚至比大多数建筑更重要的是，剧院的位置是由自然轮廓决定的，当然其他因素也很重要。为了容纳一个大城市的居民而设计的剧院需要足够的空间；同样，由于戏剧与狄俄尼索斯神（Dionysus）的崇拜有关，剧院有时与该神的古神庙联系在一起。希腊人喜欢把剧院的主体结构用天然材料制成。

在希腊的城市争取到富有的外国人赞助之前，材料和劳动力的成本一直是一个制约因素；而且他们没有掌握建造拱门和拱顶的技术，而这些技术可以让罗马时代的建筑师从地面上建造宏伟的剧院和圆形剧场。剧院场地的基本需求是为乐队提供一个平坦的地方，并从那里向上倾斜作为观众席；这最好是在一个不太陡峭和岩石不多的山脚下；或者，如果剧院布置在山坡上较高的地方，则可以通过梯田式来建造一个平坦的乐队演奏处。很少有希腊城市建在完全平坦的地面上，大多数都拥有一个虽不理想但很合适的地点。只有在特殊的情况下，我们才会发现一个剧院是在水平地面上建造的，比如在曼提尼亚，或者是在重建过程中的埃雷特里亚（Eretria），它从中间挖掘开来，周围堆砌而成。在一个平坦的场地上，可以随意选择一个位置，使剧院符合某种整齐的规划方案。但是，在（无论什么样）最便捷的山坡上建造剧院的常规方式，都意味着剧院没有公认的位置；事实上，这一点在城市和郊区的许多不同地区都有体现。

这并不是说，剧院没有有效地、优美地与整个城市以及周围的自然和人工环境相联系。剧院坐落在一个城市主要的山坡上，它往往是这个城市的一座杰出的纪念碑；另外，在剧院的上层常常可以看到城市、山谷和大海的优美景色。

关于剧院的位置，我们可以做一些试探性的概括。礼堂几乎朝向每一个方向，但自然偏好南面的景色。在卫城的斜坡上建造剧院是显而易见的，而且剧院经常出现在这里，它不仅增强了卫城的建筑气势，其本身也从它的环境中有所收获。在剧院和广场之间可以发现某种关系，尽管这种关系随着时间的推移逐渐淡化，剧院取得了独立。我们完全可以想象，早期的广场是一些演出的场所，而戏剧就是在这里发展起来的，也可以说广场是剧院的雏形。

在雅典的广场上有一个叫作乐队演奏处（orchestra）的地方，这里有着早期的舞蹈和戏剧表演，可能为观众安装了临时的木制座位。布尔（Bulle）在某个阿提卡部落（Attic demes）的“剧场”中，发现了一个简易的乡村广场。在卫城墙下的斜坡底部，有一排石质的贵宾席，面向一个大而平坦的露台；这些遗迹不是很早期的，但仍然可以让我们了解一些原始的广场与戏剧结合在一起是什么样的。广场处在卫城下面，卫城正上方的斜坡显然是个方便而又醒目的地方。在相当多的城镇中，剧场即便在其充分发展的形势下，仍位于市中心或毗邻广场。要牢记的是，在许多城市，广场是全民召开集会的地方。但通常情况下，很难在广场本身中或它周围的建筑中修建一个大的剧场，然而有个别地方可以找到一个小的剧场——那种较小的有屋顶的大厅形式的建筑，可能有类似剧院式的座位，用于音乐比赛和其他目的。

曼提尼亚的特别之处在于，它拥有一座剧院（公元前3世纪），这座剧院与广场的建筑主题紧密结合，并形成了广场的西端，这座剧院无疑被用作集会场所。在这种关系下，有人可能会提到梅格洛波利斯的大剧院的位置；梅格洛波利斯的广场在赫利逊河北岸，而西里翁（Thersilion）议事厅，即阿卡迪亚联盟（Arcadian league）的集会大厅，就在对岸；剧院建于公元前4世纪中叶，紧靠南边，其礼堂面向西里翁议事厅；后者的南廊是舞台建筑的位置。

在希波达玛式城镇中，剧院需要被谨慎对待，其中就存在一些问题；它并不像广场的柱廊、神社和体操馆那样简单而明显地符合棋盘式的规划，那些地方正好占据了一个或几个街区。即使在这些城镇里，剧院也没有一个正规的、被认可的位置，人们处理它的方式也各异。这一难度与建筑师试图通过在矩形建筑中放置半圆形座位来设计议会大厦的难度相当，但它也涉及其他问题，因为一个完全成熟的剧院需要一个合适的倾斜场地。有时可以使剧院符合街道规划，甚至使其与希波达玛式系统（Hippodamian system）紧密结合；有时它被分开处理，并有自己的方向。我们可以将米利都和普里埃内做对比。在米利都，虽然体育场被巧妙地纳入了总体规划，位于广场地区的西延部分，但位于海湾另一侧的剧院却更为独立，而且朝向也有所不同。在普里埃内，体育场斜放在城镇的低洼边缘，顶部的剧院与之保持平衡，而且剧院和房屋建筑群保持一致。在这两种情况中，剧院都位于建筑物密集区域的边缘。在科尼多斯也是如此，剧院被安置在城镇顶部的一个斜坡上，与房屋建筑群的方向一致，但与之分离。这里有周密规划的迹象，但没有统一的方法。

回到戏剧的形式上——比伯小姐（Miss Bieber）恰当地总结了它的发展："乐队演奏处是在前古典时代创造的，观众区是在古典时代创造的，这时它达到了最终的完美。另外，场景建设只有在古典时代晚期才有其典型的表现形式……它的发展属于希腊化时代。"她又补充道："最重要的是要记住，在古典时代没有高台这样的东西。"最后这句话可能是真的，但它可能永远无法得到最终的证明，为了安全起见，我们不那么教条地说，没有任何安排将演员与管弦乐队和合唱团分开，使他们处于一个明显不同的平面上。用于表演的区域基本上是唯一的。

乐队演奏处始终在一片坚硬的土地上。装饰性的石块铺面——在上面跳舞不太舒服——直到罗马时代才被引入。最初，乐队演奏处不一定是环形的，即使在一个很成熟的剧院里，它的圆环也不总是完整的，尽管在被台前柱廊（proskenion）和最终的舞台所占据之前，还留有了可能完成周长的空间。其中心可能有一个祭坛底座，周围或与观众席相连的部分有一排石板，可能还有一条水道。

观众席最终被打造成不只是一个半圆形，还通过在中间挖空斜坡并在两端筑起堤岸；路堤需要在后面和在侧廊或通向乐队演奏处的通道上方的末端设置坚固的挡土墙。观众席的曲线是在末端略微张开的；也就是说，座位的末端部分被布置在比中间稍长的半径上；这改善了这些部分区域观众的视野，同时方便了剧院观众的进出。一个水平通道，或更少见的两个通道，将座位划分成不同的区域，而辐射状楼梯，自然更多在上部形成楔形。有时，部分座位——特别是剧院顶部的座位，是在天然岩石上凿成的。除了前面为官员和牧师准备的一些装饰性更强、更舒适的座位外，座位都是简单的石板；通常每一层都与下面的一层稍有重叠；它们的低矮和坚硬意味着观众会带上垫子。这些观众席在建筑美感方面几乎无人能超越；在没有装饰的情况下，其效果完全是通过整个设计的严谨优雅与和谐获得的。

我们不能对剧院“景屋”就这么轻易作出总结。虽然它对古典希腊剧院的建筑特征的贡献不如观众席，但它是一个复杂的主题。它所引起的一些问题将在后面提到；目前可以指出的是，在真正的希腊剧院里，舞台和观众席是彼此隔开的，隔着乐队演奏处彼此相对。观众席突然止步于挡土墙。与埃皮达鲁斯一样，浅色的装饰大门横跨在演员通道上方，除了表面上的意义外，很难把这两种元素结合起来。罗马的建筑师们把舞台建筑和大礼堂的两端紧密地连在一起，从而形成了一个单一的结构。在这个过程中，大礼堂和管弦乐队（现在作为大礼堂的一部分）变成了半圆形。这个罗马建筑的形式更完整，具有更紧密的统一性，但在线条和比例上几乎没有更多美感。虽然希腊剧院没有达到形式上的建筑统一，但它完成了大多数后来的剧院不可能实现的——在精神上统一。没有像高台边缘那样不可逾越的分界线，整个戏剧的情节都是在那里发生的。乐队演奏处是“景屋”和观众席之间的纽带，将他们联系在一起，而不是使之分开。这在喜剧中最为明显，演员和合唱团经常穿过乐队演奏处，直接向观众或个别听众讲话；但在悲剧中，以一种更微妙的方式，观众可以在戏剧仪式的庆典中与表演者融为一体，就像他们聚集在山坡上，围绕着原始的乐队演奏处一样。

剧院的早期发展在雅典的狄俄尼索斯剧院（希腊剧院的原型）中得到最好的体现，尽管这种发展并不十分明显。近年来，考古学家再次对其进行了非常仔细的研究。尽管证据往往非常缺乏；尽管很多地方存在争议，必须保持推测性，而且通常不可能推测确切的年代，但可以初步给出剧院形成的阶段性顺序的轮廓。下面的叙述在很大程度上要归功于费克特（Fiechter），尽管根据皮卡德·坎布里奇（Pickard Cambridge）更为谨慎的结论做了很大的修改；人们对它的评论，就像苏格拉底在《斐多篇》(*Phaedo*）中对他死后灵魂命运描述的那样——没有一个明智的人会坚持认为事实确实如此，但人们可以自信地断言，它们是这种时尚的产物。

公元前6世纪时，在雅典卫城东南脚下，古老的狄俄尼索斯神庙正上方，一个由弧形挡土墙支撑的露台上安置着一个管弦乐队处。斜坡上可能有木制的座位，也许还有供演员们使用的小木屋，但却没有足够的地方放一个大型“景屋”。[位于托里库斯（Thoricus）的阿提卡部落小剧场有助于我们想象这种原始的布局是什么样的。托里库斯的观众席轮廓不规则，不是弯曲成半圆形，而是扁平的，末端呈弧形。乐队演奏处也不是圆形的。这里没有“景屋”，也没有放置“景屋”的地方，但在一侧有一座小庙，另一侧有一个小建筑，可能是储物间或储藏室。]也许从一开始，表演的背景就简单朴素。随着公元前5世纪的到来，埃斯库罗斯推出了他的杰作，索福克勒斯创作了他最早的戏剧，这些作品需要一个更宏伟的背景，比如宫殿或庙宇。

这个背景是由一个可能是由木头和帆布制成的“景屋”提供的；其布置无疑可以根据特定剧本的要求进行大量的变化；但是，当一个石制“景屋”开始建造的时候，选择了带有突出的翅膀或前翼的形式，我们有理由认为这种形式已经被证明了是最有用的，并成为标准。公元前5世纪中叶以后，在伯里克

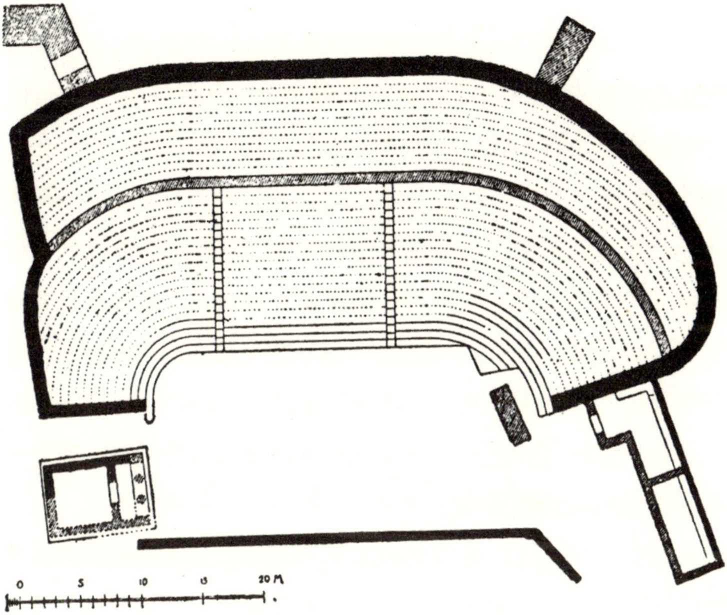

图 35　托里库斯剧院。

利统治时期，“景屋”有了进一步的发展，变得更加精致。因此，乐队演奏处不得不再往北推进一点。在这个过程中，观众席被赋予了更大的坡度。可能就是在这个时候开始为观众提供石头座位的。在狄俄尼索斯神社的南面建造了一座柱廊；这座柱廊形成了“景屋”的背衬，“景屋”可能仍然由木制的布景组成，尽管费克特将最早的石制“景屋”归功于伯里克利时期的重建。证据——尤其是戏剧本身的证据——便是对高台的反对。

尽管公元前 5 世纪的剧院笼罩在一片朦胧之中（或许在某种程度上正是因为如此），但人们至少可以相当肯定，它还尚未达到建筑成熟的程度。这要等到公元前 4 世纪，当时观众席的石制座位已经完工，如果它确实不是在公元前 5 世纪后期建造的话，也会有一个石制“景屋”，“景屋”后台的两端都有凸出的翅膀，可能是柱状的，但它的正面和内部布局却很不确定。公元前 4 世纪（公元前 330 年左右）的重建与政治家来库古有关，但他可能只是完成了这项工作而已。乐队演奏处又一次向北移动，并配备上了现有的深水槽，这样改善了剧院的排水系统，并将乐队演奏处更明显地与观众席脱离。剧院现在可容纳约 17 000 人，但仍然不可能出现可以抬升的舞台，即使是木制结构也不能证实它的存在。

很明显，雅典剧院的发展是逐步的、零散的，而且它没有达到完全的对称性和规律性。从公元前 4 世纪开始，新的剧院如雨后春笋般大量涌现，它们都是由单一的主要设计组成的建筑单元；雅典剧院与这些剧院的关系，在某种程度上就像雅典城与希波达米亚城的关系一样。

礼堂的不规则和破碎的轮廓部分是由于毗邻的神社和建筑物造成的，尤其是伯里克利音乐厅（约建于公元前 440 年），它是一个正方形柱状大厅，本身作为一个较小的、有顶的剧院，用于音乐比赛和其他目的。狄俄尼索斯剧院与城市周边地区也奇怪地联系在一起，与大多数剧院相比，它并不是一个独立的单元。很明显，尽管占主导地位，但它仍然只是狄俄尼索斯神社的一部分。观众席的上部延伸出一条公共通道，这条通道在这一区域被作为上层广场（早期的观众席无疑完全低于这一层）；在一条名为“三脚街”的街道上，矗立着为了庆祝戏剧比赛的胜利而建的小型纪念碑，在绕过卫城的东端后，从东面通向剧院。

与雅典形成对比的是，希腊保存最完好的剧院位于埃皮达鲁斯的阿斯克勒庇俄斯剧院，是由一位年轻的建筑师波吕克莱特在公元前 4 世纪规划设计的。它完美地阐述了上文叙述的设计原则。观众席在实用和美观方面都有额外的改进，即上层的坡度更大一些。对于波吕克莱特来说，建筑属于观众席、“景屋”的主体以及穿过侧门的优雅门廊。而台前柱廊更有疑问。它是一个石柱廊，支撑着一个木平台，与“景屋”上层的地板持平。这可能是一个希腊时代的创新；尽管布尔认为通往两边的坡道属于原来的建筑，这表明高的木制舞台在公元前 4 世纪就已经出现了。

在希腊化时代，舞台建筑以多种形式实现了其全面的建筑发展。公元前 3 世纪引入的台前柱廊成为一个常规建筑。它的高度在 8 到 13 英尺之间，由两种形式的台柱组成，一种是位于前面的附墙柱，另一种是完整的圆柱，柱间装有嵌板。旧剧院中增加了台前柱廊，而在这一过程中，前翼则逐渐失去了突出的地位。在公元前 2 世纪，雅典建造了浅柱廊的前翼，并在它们之间放置了一座台前柱廊（根据费克特的说法，这种安排比公元前 86 年苏拉攻陷雅典还要晚）。

在新的剧院里，这种台前柱廊现在已经很普遍了，因为那里通常没有前翼风格。究竟台前柱廊是从一开始就经常被用作高级舞台，还是直到公元前 2 世纪才被如此使用，可能永远无法最终确定，尽管大多数人倾向于第一种答案，专家们对此仍然持不同意见。几乎很少有人信服多普菲尔德的观点，即它仅仅是起到后面的一个装饰背景的作用。高级舞台的使用与旧合唱团的衰落和公元前 4 世纪、前 3 世纪晚期阿提卡新喜剧（Attic New Comedy）的要求有关。剧院的形式从一开始就取决于不断增长和变化的戏剧需求；但在许多地方，由于宗教保守主义和大规模重建的费用，在满足需求和进行改变之前，很可能有一段相当长且不同的间隔期。特别是在雅典，传统性很强。即使高的木制舞台已经常态化，乐队演奏处仍然被用于某些类型的演出。

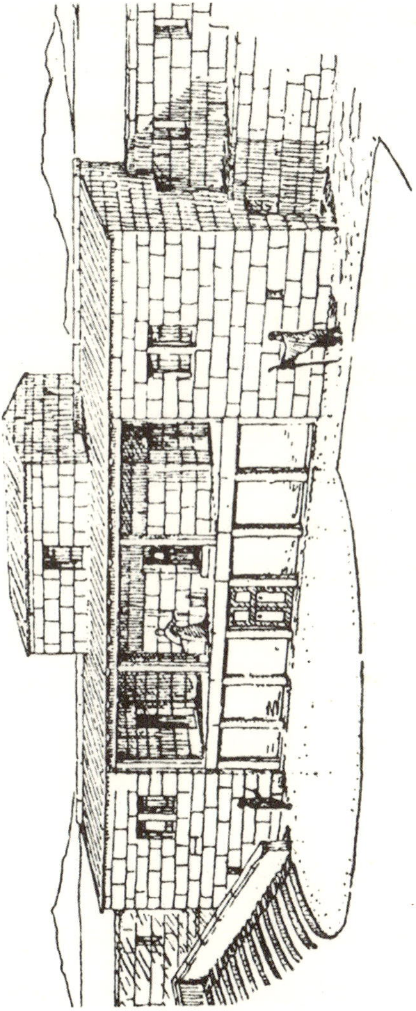

图 36　新普莱隆（New Pleuron），剧院和墙壁。

通往台前柱廊平台的通道需要经过后面的“景屋”墙中的一扇或多扇门，也有一些剧院可以通过两侧设有的坡道，或者后面的楼梯从“景屋”的尽头绕回来。在平台后面的“景屋”墙中，人们倾向于引入更多更大的开口，直到在某些情况下，石墙变成了一排柱子，这些开口也可以根据表演的需要用面板填充。

与其他几种建筑类型一样，在追踪希腊剧院的发展过程中，人们不可避免地会进入希腊化时代，直到这个故事被认为是完整的。罗马式的剧院，尽管它明显归功于希腊式剧院，但这并不仅仅是同一条道路上的另一个阶段。两者之间有明显的断裂和区别。罗马式剧院涉及不同的原则，这可能与意大利本土的传统有关。它更为强调舞台和舞台建筑，与观众席的结合更为紧密，而乐队演奏处的重要性则微乎其微。在希腊剧院里，简单而古老的舞蹈场所的传统从未被完全抹去。观众区和“景屋”站在乐队演奏处的两边，这三种元素和谐相处，却没有达到最终的统一。

第七章

住　宅

希腊的住宅一直是一个有趣而又诱人的话题。我们自然想清楚地描绘出希腊人生活的场景，尽管我们在各处都能一览无余地瞥见它。但如果说我们还很缺乏对它的了解，那不过是一种保守的说法。然而，现在的证据远比主要从古代文献中一些晦涩难懂甚至有误导性的叙述及参考资料中获得的证据要充分可信得多。尤其是奥林索斯为公元前 5 世纪晚期和前 4 世纪提供了大量的考古证据，以补充后来主要是关于希腊风格的材料。这时出现了一些发展良好的房屋类型，它们之间有着有趣的联系。但是，对希腊式住宅进行完整而系统描述的可能性仍然很小。例如，不可能确定哪一种是基本类型（如果有的话），哪一种类型是局部变化。然而，有些特征是共通的，并且在任何情况下，尚未解决的这些问题都不会对住宅建筑在城市结构中的地位产生重大影响。

传统的希腊式住宅大多朴实无华，至少从外观上看是如此。住宅区的布局规模也不宏大，人们很难指望它们能为城市的建筑美感做出多大贡献。在米诺斯和迈锡尼文明时期，统治者的住宅是建筑学领域的最高成就，其中包含了所有最显著、最具特色的元素。在希腊城市中，这些豪宅或宫殿的功能被分配扩散到许多政治和宗教建筑中，房屋建筑几乎被剥夺了它的纪念性特征。

甚至在某些方面，作为国王房产的直接替代物的市政厅通常也相当简单。这也可以与后世的民居建筑形成对比。独立房屋的设计，以及更多的住宅群、街道和露台，有时会成为当时最优秀的作品。公元前 5 世纪，希腊人在建筑上把他们最好的东西放在神庙和公共建筑上，并且满足于朴素的私人住宅。早在公元前 4 世纪，《往事的赞美者》（*Laudatores Temporis Acti*）就开始抱怨这一切的逆转，可能迄今为止还没有很好的理由。即使是最好的希腊风格的住宅也是雅致的，而不是宏伟的，而真正的精致和豪华的设施，我们必须要等到罗马时代。

现代规划师特别注重城镇的住宅区，并把住宅区作为其主要目标之一，使其成为宜人、健康和方便的居住场所。在希腊城市的规划中，住宅是次要的。传统的神圣而又便利的场所被广场、神庙、剧院、体育馆等占据，剩余的地方被住宅所填补。这也注定几乎不可能有一个宽敞的布局或很大面积的土地可供住宅使用。

普通的希腊城市住宅几乎没有空间建造家庭花园或类似意大利花园式的建筑。庭院通常只占住宅面积的一小部分。出于防御的需要，任何可能存在的对空间的奢侈利用的倾向都被排除了。狭窄的街道和挤在一起的房屋，简陋或不存在的卫生设施，以现代的标准一定不能容忍大多数希腊城市大部分地区的条件。而雅典似乎是这大部分地区里最糟糕的一个城市。简单甚至是肮脏的家庭住所与华丽的公共纪念碑之间的对比是古典希腊的特色，在那里，家庭事务的重要性低于政治、社会和宗教生活。但这种差异不能被夸大，一个典型的奥林索斯新住宅区的房子［或者想象一下，一个中等富裕的雅典人的房子，更别提卡里阿斯（Callias）的房子了］在其内部被设计得很好很宽敞。如果能有更多的生存空间，并配备了良好的管道工程和其他一些现在已成为不可或缺的“人类命运的巨大镇痛剂”，这样的房子就不会与现代良好的品位相违背了。

即使是奥林索斯也没能给我们提供最想拥有的证据——雅典住宅区或者希腊其他古城在鼎盛时期住宅情况的资料。奥林索斯式住宅在希腊可能已经很普遍，但是统一的长方形街区和平行街道则属于一个新的时代。然而，新旧住宅之间的区别可能不是很大。但是在定期受规划的城市中，大面积的住宅区，而不是孤立的门户或者小团体，已经得到了充分的研究。这可以帮助想象力很好地去尝试描绘另外一种，因为对住宅区的布局如同其他考量一样，希波达玛式的方法并不意味着引入全新的元素，而是对过去元素的整改。在旧的城镇，街区是不规则的，住宅街区的大小和形状也不会统一，但会有同样的紧凑性，与不规则性相结合，就会产生一种蜷缩和拥挤的效果；住宅外观处理简单，其街道和住宅群的设计方面缺少精心的策划。

大量的房屋被组合到一个紧凑的街区里，就像修昔底德文章里描述的那样，在那里，普拉蒂亚人（Plataeans）使用着现在被称作“老鼠洞”的方法以免自己暴露在街上。住宅也可能紧挨着神庙（如下文所举的来自埃伊纳岛的古老例子）或者与公共建筑并排而立，又或者偶尔侵占广场的空间（如比雷埃夫斯的提莫塞乌斯的房屋，西锡安的克里昂，克基拉的寡头）。我们完全可以相信，在未规划的城镇中，住宅、政治、宗教等各种因素被更彻底地混合在一起。但再次提醒，这个区别没有那么大。可以注意到刚刚给出的比雷埃夫斯的例子是来自希波达玛式城镇，在普里埃内，那些未经确认的信仰在“神圣的房屋”里被供奉，这些房屋也构成了普通住宅区的一部分。

在希波达玛式城镇，住宅的处理方法简单明了。所有未被神庙或公共建筑占据的矩形街区都可以建造房屋用来居住。每一街区又被分成若干矩形的场所，这些场所的大小通常不是一致的。在普里埃内，街区的划分方式多种多样。值得注意的是，内部规划没有标准化：事实上，即使在街道和街区布局最为严格的地方，在当地类型限定的范围内，住宅也有其真正的个性，内部的细节布置也层出叠见。各个街区的房屋数量、街区内的布局以及街区的大小比例等方面，不同的地方有很大的差异。

很多遗址上给出的证据都是不完整且让人费解的。各种比例的矩形似乎都被使用过，但从没有一个完美的正方形。没有什么硬性规定：如若不是纯粹的任意选择，那么地区的便利性是首要的，通常都是简单的比例和圆形的轮廓。在普里埃内，测得的区块尺寸为 47.20 米 ×35.40 米（160 英尺 ×120 英尺，比例为 4∶3）。在米利都，这些街区几乎一样大（51.60 米 ×29.50 米；175 英尺 ×100 英尺，即 7∶4 的比例）。尽管有时会被一条横街切割成两部分，但并不总是相等的。在奥林索斯，人们发现了一个更细长的形状——300 英尺 ×120 英尺（比例为 5∶2），一条可能为了供排水所用的非常狭窄的小巷把房屋分成两部分，每部分各五间。一个街区有十栋房屋是一个不同寻常的数目。普里埃内是四栋，根据在普里埃内发现的比例来看，这个数量可能是比较正常的。一个大房子可能占据了整个街区；偶尔情况下两个相邻的房子可能会变成一个。从我们有限的证据来看，很明显，房屋的地方性变化无穷无尽，并且没有可以定义的普遍性原则。

简单介绍一下希腊住宅的形式将有助于解释为何它对城市建筑设计几乎没有什么积极贡献。在任何时候，一定会有很多由少量房间组成的房屋，也许只有那么一两个房间，也没有任何特别的设计或者任何建筑装饰。规模较大的房子总是围绕着一个小院子建造，看街道和邻居时，是从房子向内看，而不是向外看。每一户都是独立、自开门的。入口不显眼，窗户通常被装得很高，大多数房间都直通院子里。在某些类型中，有一个占主体位置的房间，让人觉得它是整个房屋的核心，其他房间和庭院本身就像是附属品。在其他类型中则没有这种强调。庭院的一面或者几面可能有石柱廊，甚至可能是一个完整的风格统一的列柱围廊（最后这种类型虽然很难说是普遍的古典形式，但也不是纯粹的希腊风格）。不管怎样，这种房屋的建筑兴趣主要集中在房屋内部，它们的外观极为朴素，所在街道的总体效果也并不会给人留下深刻印象。至少在美学效果上，即使给它更大的面积也不会增加什么作用。

希腊房屋建筑的历史可以追溯到我们所知道的最早时期。有些元素在很长一段时间内提供了一条细密但不间断的线索。值得一提的是，所谓的中央大厅持续存在并不断出现。也许在一开始就应该界定和解释这一术语，因为我们不得不反复使用它。在古典文学中，它有几个或多或少的相关的含义。在现代建筑作品中，它已经被用于指代一种特殊类型的建筑。本质上它是一个长方形的房间或者大厅，深度大于宽度，其中一个短边有一个入口，通常要经过一个由长边的墙延长所形成的门廊。那里可能会有一个前厅，或者是门廊和前厅都有，还有一个不大的后厅。建筑物的后部可能是拱形或者发夹的形状，但通常都是矩形的。有时有一个中央壁炉，内部支撑以各种方式排列，但通常是纵向的。中央大厅基本上是北方的形式，适应相对寒冷和潮湿的气候。在建筑方面，与其他事物一样，北方与南方、东方一起在希腊相遇了。

也许人们不应该说希腊在房屋建筑方面有了持续的发展，而应该说历史已经重复了好多次。在最早的史前阶段，曲线和直线的形式并存。我们不能证明前者绝对是更原始的，而且不能用椭圆和拱形的形式来追溯矩形房屋是从圆形小屋演变而来的。曲线形式在后来的阶段也会重现。当文明处于迈锡尼文化和希腊文化的潮汐之间的低潮时，曲线形式会重新出现，但在传统的希腊房屋建筑中，曲线形式已经被完美地消除了。

在米诺安和迈锡尼时代，家庭建筑达到了很高的程度。这些伟大的宫殿基本上都是当代风格高度精心设计的建筑形式。米诺安宫殿（大量各式各样的房间聚集在一起共同围绕着一个大型的主庭院）与大陆上的迈锡尼宫殿（中央大厅在整个庭院中占据主导位置）的区别，预示着我们后面即将要研究的两种风格，即希腊风格和希腊化风格的差异。除了宫殿之外，米诺安时期小规模房屋建筑也得到了高度发展。但在这一点上，与其他部分一样，无法确定这片土地上的传统以及现存的遗迹，会在多大程度上影响第一个千年里早期希腊式建筑的重生。在色蒙，有人声称且很有可能的是，由一连串的墨伽拉（*Megara*，古希腊阿提卡古城）跟随着神庙一起形成了一条未间断的链条。

从荷马的文字里寻找关于希腊住宅的证据是非常困难的，而且可能没有什么帮助。他笔下描绘的房屋或宫殿是模糊的，在许多细节和一般形式上可以有不同的解释——当然，这不是诗人的错——也不可能说清楚他提供的是什么时期的证据。《荷马史诗》中的皇家住宅类似于迈锡尼王朝住宅，它有一个可以从大门进入的庭院，在某些侧面有柱廊（没有理由支持去设想一个完整的列柱围廊庭院）。一个大厅和少数房间面向庭院开放，后面是一个附属建筑（几乎是一个复制的庭院）。在第一个千年的最初几个世纪里，迈锡尼式或亚迈锡尼式的皇家住宅在多大程度上幸存或被建造或重建，我们无从得知。荷马至少向我们展示了这种类型，或类似的东西，是持续存在的。无论是留存下来的，还是已经消失的遗迹，均表明建筑又重新回到了最初朴素的起点。

矩形中央大厅可能幸存了下来——它在下面描述的一些早期古代房屋模型中再次被发现——但是椭圆和拱形也被再次使用。一个奇怪的例子是，在雅典广场南端通过部分残余墙体发现了一个椭圆形的房子；经测量它大约为 11 米 ×5 米；内部结构安排尚不明确，但可能在靠近中间的地方有一个壁炉。据推测，该房屋有着茅草屋顶，冠以未烘烤的砖墙，地基是小石块。

这栋房子属于“几何艺术”时期（公元前 9 世纪、前 8 世纪）的建筑，当希腊风格建筑开始出现的时候，房屋和寺庙几乎没有什么区别。神庙是神的居所，因此其形式上应该就像一个简单的房屋，或是房屋的主体。有人合理地推测，这座位于色蒙的名为“中央大厅 B”的建筑，同样属于“几何艺术”时期，最初是一座房屋，后来变成了一座神庙。在很早之前的古代时期（公元前 7 世纪），房子和寺庙是分开的，后者在纪念意义层面上进行发展。其中我们有一个有趣的属于 8 世纪上下的小型建筑模型系列，它们有时被称为庙宇，但有些更可能是房屋。屋顶的样式似乎表明，它有阁楼或上层。在来自科林斯附近的派拉霍拉（Perachora）城的主要模型中，两个侧边稍微向后面靠拢，最后形成一个半圆形的后殿。侧墙的末端在壁角柱（*antae*）的前面；在其中一个壁角柱的前面，有两个柱子并排挨着；另一对柱子可以假定为在另外的壁角柱前，这样就形成了一个门廊。在其他模型的碎片帮助下，复原的屋顶是坡度很大且略呈弧形的，正面的三角墙是开放的。据推测，这类房屋的屋顶应该是茅草的，这一点可以通过沿着顶部蔓延的扭曲处看出来。与靠近阿尔戈斯的赫拉神社的模型大体上是相似的，但都是长方形的，并且有两个单独的圆柱代替了派拉霍拉的一对圆柱。这里似乎有一个平的可以做上层地板的天花板（可能在派拉霍拉的例子中也是如此），正面三角墙包含一个大的正方形开口。这些“房子”或多或少有点像中央大厅的样子，但萨摩斯岛的一个模型是椭圆形的，门接近其中一侧的尽头。这些模型将献给在神社里被发现的神灵。它们使得我们对一个大部分证据都被抹去了的时代里的建筑有了奇特又生动的一瞥。虽然它们很难说出整个故事。据推测，这里有一些设计更为复杂的房子；或者是一个庭院和小房间，它们可能与模型中所示的一样与主体结构相连。

公元前7世纪乃至前6世纪的材料比以往任何时候都少。一些遗址上仅有少量的房屋遗迹，但一般来说，通过这些是不可能确定其规划类型的，并且也没有建立明显类型的迹象。作为一个例子，可以提到在公元前6世纪一小群建在埃伊纳岛上的房子，它们建在一个古代堡垒宫殿的遗迹之上，靠近阿佛洛狄忒神庙。事实上，它们是在后来神社扩建时建在上面的，里面有两三个房间，通向一个有围墙的小庭院。其中至少有一个房间明显偏离了严格的长方形形状。一条狭窄的街道把这些房屋隔开了。因此，我们在这里看到了一个古老城镇的奇特碎片，住宅就坐落在一个重要的神社旁边。

在奥林索斯被发掘之前，公元前5世纪、前4世纪的证据并不比古代的证据丰富多少，而且主要由模糊的文学典故构成。人们曾经绘制过典型的希腊房屋的假想平面图，这些图把房间按庭院分组通常是正确的，但在赋予它们围绕轴线的对称性方面是错误的。据我们所知，这是古代希腊住宅上所不具备的原则，它更像意大利风格的特点，如在庞贝古城（Pompeii）所看到的那样。这种完美的对称性在重建后更加突出，它通过复制庭院、列柱围廊和周围的房间以及其他所有的东西来实现。假设一个庭院是男人的住处，另一个则是女人的住处。但这种重建是基于文学证据的可疑解释，尤其是维特鲁威，他对希腊建筑类型的描述，如果被运用于比他所处的时代早很多的时代的话，往往会格格不入。他所描述的“希腊式住宅”是一种极度奢华的建筑，在公元前 5 世纪和前 4 世纪的希腊非常罕见，甚至在任何年代都很少有。这些遗迹表明，将完全一样的庭院进行复制重建不仅是错误的，而且是与真正的希腊房屋的整体精神背道而驰的。我们会遇到一两个拥有两个庭院的样本，但它们不是对称的，也不是完全平衡的。希腊的房子里肯定有一块空间被称为“女士区域”（*gynaikonitis*）或女性住所的地方，但它的范围和形式可能不足以对整个房子的设计产生根本的影响。

我们完全可以相信，公元前 5 世纪的大多数房屋在设计上是简单的，设备上是便宜的。在雅典一定有许多不起眼的小房子。这一时期遗留下来的不起眼且分散的房屋遗迹大部分都是这样的。但当德摩斯梯尼说，重要公民的房子在任何方面都与普通公民的无差别之时，他一定是在运用某种修辞手法。我们读到过有房子被高价卖出，我们还听说阿提卡的乡村别墅比较豪华。柏拉图的《普罗塔戈拉》（*Protagoras*）开篇描写的著名场景给人生动而又模糊的印象，那是雅典最富有的人之一卡利亚斯的家。苏格拉底和他的朋友刚开始站在门外的门廊里交谈。当他们最后被允许进入时，他们最终确认发现自己在一个至少有两个柱廊的庭院里，可能在庭院里还有一个祭坛，就像在波勒马霍斯（Polemarchus）的房子里一样（《理想国》）。房间都朝向庭院开放，其中一间是卧室——普罗狄克斯（Prodicus）还在床上——但它之所以被投入使用只是因为卡利亚斯有太多的客人了，这儿平时就是一个储藏室，普通的卧室可能在楼上。这些都是很有启发性的描述，但却没能让我们了解到房子的大小和规划原则。在埃维厄岛（Euboea）的迪斯特斯（Dystus），有一个相当大规模且精心设计的公元前5世纪房屋的显著样本。它是长方形的，但有一些不规则的地方，有两个庭院，外院经由一条长长的有两个门的通道进入，通道沿着房子的侧边延伸。

房子是两层的，里面有许多房间的布置没有明确的规则。院子里没有柱廊，不过有一个大房间经由一排三根柱子通向内院。这座房子优于大多数的房子，因为它主要由石头建造。在那个时期，在低矮的石台上铺设的未经烧制的砖块可能被认为是最常用的材料。

在奥林索斯，我们终于站稳了脚跟。该遗址不仅提供了大量的考古材料，而且还揭示了一个独特的、显然是成熟的房屋类型。这种规划一定是演变的产物，但这是在何时、何地发生的，以及奥林索斯类型在哪些地区盛行，我们无法说清。我们主要关注的房屋建造在奥林索斯的北山上。南山被较古老的部分城镇占据了，在那里发现了一些遗留下来的贫苦人家的房屋，这些房屋的建造是不规则的。在奥林索斯也有一两栋高级住宅，其类型与北山上的主体相似，但更为精致，且位置偏远。很明显，在奥林索斯存在着某些居住方面的阶级隔离。这到底是不是普遍现象，值得怀疑。因为在旧城中，不太可能有明确的贫穷区和富人区。而在新的希波达玛式城镇，规划设计的方法并没有使地区之间产生很大的差异；在像普里埃内这样的城市里，还存在着某种统一性。我们无法想象，在任何一座希腊城市中，富裕的城郊和挤在市中心的贫民区之间会有现代城市的那种完全不同的氛围，而这种差异很大程度上是由于现代城镇能够无限扩张的结果。

奥林索斯的北山在公元前 5 世纪中叶以前还没有开发，也许直到公元前 432 年才开始。那些房屋建于公元前 432 年至前 348 年，当时奥林索斯被马其顿的腓力所摧毁，这样就很难在这一时期内更精确地确定某个房屋的年代，我们可以把它们视为公元前 5 世纪末、前 4 世纪初的代表。住宅区是严格按照矩形线规划布置的。前文提到过一个街区内十间房屋的布局。这些房屋大体上是正方形的，被分为两个大致相等的南北两部分。北部有一个狭长的房间，即所谓的帕斯塔（*pastas*），延伸到整个或几乎整个房子的长度（图 37 中的 *f* 处），还有一系列其他房间从北部面向其开放。南面中间有一个小庭院，通常是用鹅卵石铺成的，有时有一个水池和一个祭坛（宙斯，庭院之神）。庭院可能有石柱廊建在除了帕斯塔所在一边之外的其他各边，有些庭院的柱廊形成了一个小型完整的列柱围廊。在庭院的南面只有一堵墙。帕斯塔通过一排三根或四根柱子面向庭院开放。因此房屋主要面向南方，根据古代作家的明智建议，应该面向南方、背对着北风，捕捉冬日的阳光。即使坐落在住宅区北边的房屋也是如此。

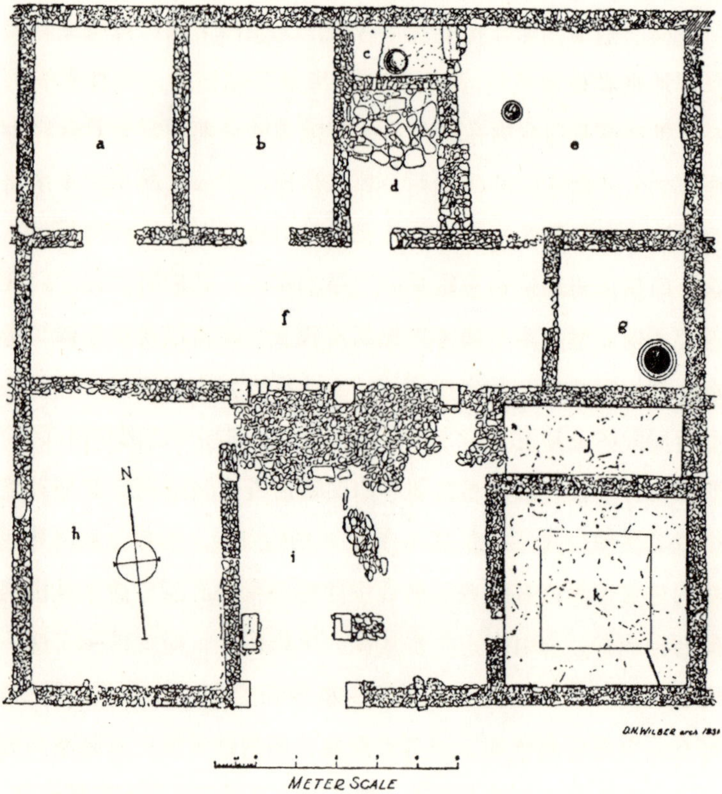

图 37　奥林索斯的房屋。

入口的设计方式多种多样，虽然通常只有一个，但有些房子有两个；门有时与外墙齐平，有时嵌入墙壁（*prothyron*，古希腊建筑门前游廊）。房屋里没有像普里埃内的房子那样能形成一个核心的房间。正如挖掘者所说，“基本原则是通过分割而非累加来实现增长”。最显著的特征就是帕斯塔，奥林索斯的房屋类型就是以它来命名的。一楼的其他房间的数量通常约为5～7个；但是在同一地区的佐伊勒斯（Zoilus）的房屋设法建造出了17个房间。这些房间的类别和用途通常是无法识别的。主餐厅和休闲娱乐室（*andron*，古希腊男子专用房间；*k*）的特点是墙壁周围有一个低矮凸起的平台，沙发可以放在上面，墙壁的装饰更为精致，水泥地板，有时会有鹅卵石镶嵌，但其大多数房间的地板都是硬土地板。男子专用的房间通常有一个前厅，这样安排可以使其具备一定的私密性，而这两个部分可能构成了男子区域（*andronitis*）或男士住所。显然，在奥林索斯的房屋里，并没有对独立的女子住所进行精心的安排。许多房屋都有一组紧密相连的三个房间，一大两小。大房间（*e*）是一个起居室和工作间，也是房屋日常工作生活的中心；有时它中间有一个固定的壁炉，用石板砌成，不过也有使用可移动火盆的。一间小浴室经常开着门（*c*）。第三个房间（*d*）存疑较多。发掘者最初认为它是客厅的烟道，但经进一步的检查表明，其实它更像是一个小厨房，尽管它可能一直作为烟道向上延伸。存储室和工作间在某些情况下可以通过其所含之物来识别。这些房子太小了，不需要门房，就像卡利亚斯和一些得洛斯岛的房屋那样。有些房屋有一个狭窄铺面的房间，那可能是马厩。卧室大概是在楼上，至少在一些房子里发现的从院子里延伸出来的楼梯证明了这一点，通常在房子的北部。这些房子是用未烧制的、可能涂有保护层的砖块建造的。

碎石作为地基，当然也使用了大量的木材（这些柱子大多是木制的），坡屋顶使用的是陶瓦。在供水方面，除了临时的蓄水池外，居民们一定是靠城市的喷泉生存的，但没有进行有效的卫生处理。

这些房屋的一个显著特点是它们的多样性。在奥林索斯房屋有一个标准的尺寸和形状，但内部的安排有很大的不同。尽管这些都是严格按标准建造的，并且是街区中五个紧密相连的单元（即半个街区），但没有任何两座房子是相同的。庭院虽然是必不可少的，但有时它的面积却被缩小了很多。有特色的帕斯塔常常被打破变得模糊，有时甚至被忽略。曾经，至少有一个帕斯塔穿越过两个房子，而这两个房子显然属于一个家庭。几个普通的正方形住宅单元被分成两个住宅或几套房间。常常有商店开在街上营业——通常是在南北向的主街之一——与后面的房屋不相通。所有的这些变化表明，希腊公民在适应其作为城邦一员的地位的同时，也能表现出生动的个性。

因此，在奥林索斯，有一大批规划良好的房屋，是为那些经济条件适中、追求舒适而不奢侈的家庭设计的。人们希望这些房屋能公平地代表公元前5世纪和前4世纪的希腊房屋，而且因为它们和其他房子一样具有很强的代表性，所以我就对它们进行了一些详细的描述，但我们无法确定。帕斯塔类型显然已经很成熟了，因为它的运用具有规律性和规模性，而且发展得很好。还有其他一些零星的关于帕斯塔住宅的例子，大部分都比奥林索斯晚，还有一些得洛斯岛上更大的希腊式房屋，将帕斯塔和列柱围廊结合了起来。各种类型的影响在空间和时间上具体延伸到了什么程度，我们无从得知。奥林索斯的发掘者初步认为，在奥林索斯盛行并在得洛斯岛发现的房屋类型，在雅典不可能不存在。而在这两种类型中，普里埃内的类型更有可能是当地的，且应用范围有限。

在爱奥尼亚的克洛芬，考察过一小部分公元前4世纪有趣的房屋。院子里有一口井和一个祭坛，它们是不规则的，被松散地布置在一个内部的庭院里。房屋的主要部分，包括位于北侧的一个主室和门廊，和普里埃内的一样，附属房间都朝向它们开门。与这座建筑有点脱离的是一个重要的、装饰精美的房间，可能是男人区域或男子娱乐室。在它上面的二楼形成一个皮尔戈斯（*pyrgos*）或塔楼，可能是女士区域。储藏室、马厩等占据了庭院剩余的部分。与奥林索斯和普里埃内的房子相比，整个房子显得松散，仿佛还没有紧密地形成一个整体。

普里埃内为另一种希腊住宅类型提供了大量的证据，尽管同样我们也不可能准确地定义它在家庭建筑史上所扮演的角色。

普里埃内的房子本身主要是希腊风格的，它们最显著的特点是重现了一个类似于中央大厅的布局，作为规划的基础。房屋的主房间是中央大厅的形式，通常是坐北朝南的，前面有一个圆柱门廊（这种类型被称为前庭，以便人们把它与帕斯塔的类型区分开来）。庭院似乎是这一主要结构的前院，而在庭院几面或四面开放的附属房间似乎是增建的。这种强调一个元素和将其他元素置于附属位置的布局，使得普里埃内的最好的房屋比奥林索斯的更具纪念性的特征，同时对石头使用的增加，使得希腊式房屋在总体上显示出技术的进步。

楼梯的痕迹表明这里有第二层，尽管我们无法证明这里所有的房子都是这样，还是某个房屋所特有的。普里埃内直到后期才引入完整的列柱围廊式庭院。例如，33 号住宅采用了重新设计的列柱围廊式，其北侧的柱廊高于其余的柱廊（在得洛斯岛也有发现），古代建筑师称之为罗得斯岛式。33 号住宅也与其邻居房屋相连，获得了第二个庭院。大多数房子都有一个背靠街道的入口门廊。和奥林索斯一样，在一般类型的房屋里，房间的数目和布置都有很大的不同。在其中的一两栋房子中，有两间像中央大厅模样的房间并排，可能一间是留给男人的，另一间是留给女人的。

在这些房子里，中央大厅的形式在维持了几个世纪不稳定的存在后，再次强势出现了。我们没有理由相信中央大厅在希腊的房屋建筑中一直起着主导作用。它有一段悠久而著名的历史，并在神庙里延续了它自身的一个变种，而在住宅中，它不是一个必要的元素，反而更像是一种幸存。与普里埃内相比，奥林索斯和得洛斯没有因为摒弃它而失去任何实际意义。

在这里没有必要详细描述得洛斯著名的希腊式住宅。我们只需简要说明得洛斯最具特色的房屋类型，并强调几个对住宅区规划有着重要意义的要点就足够了。除了它典型的希腊元素之外，得洛斯在某些方面可以帮助我们更清楚地了解希腊城市的住宅街道。首先，人们发现大小各异、精致程度不同的房子会挤在一个区域，有时甚至挤在同一个住宅区内。较好的房屋有相当多的房间，其中一些房间宽敞且装饰华丽，且围绕着优雅的列柱围廊式庭院而建。这种类型自然受到人们最多的关注，并容易被认为是最独特的得洛斯岛的风格。但是也有很多更简陋，更简单的房子。它们的建造地点多是不规则的、倾斜的且多岩石的。狭窄的街道非常不规则，尽管在普里埃内的研究表明，这种情况并不一定会妨碍希波达玛式规划的坚决实施。住宅区和个体房屋的形状千差万别，这就意味着许多的房间有着奇怪且尴尬的形状。但有一种将房屋内部的不规则之处磨平的趋势。即便如此，在某些情况下，庭院的墙壁仍然不是正规的矩形，规律性只出现在列柱围廊的圆柱上。即使在更大的得洛斯式的房屋里也不一定总能找到列柱围廊，但它可能在公元前3世纪就出现了，最早的得洛斯岛人是这些房屋的所有者。

在某些情况下，这不是庭院最初的特征，而是后来加入的。

庭院通常在南侧，因此房屋主要是坐北朝南的。往往只有一个入口，通过一个狭窄的通道或门廊进入庭院；但少数房屋有两个入口。房间很少会被安置为庭院的四面都有。通常有一个装饰华丽的大房间，这显然是房屋的主要房间。它不像普里埃内那样是中央大厅式的，而是宽大而相对进深较浅的。

有时在它内部还有可以从后面打开的小房间。总的来说，这些房屋与奥林索斯的关系比普里埃内更为密切。在一个像“科林之家”模样的房子里，它几乎是正方形的，而且规则异常，房子北侧柱廊的延伸形成了一个房间，就像奥林索斯的横跨整个房屋的帕斯塔一样，相似之处是非常明显的。得洛斯的上层建筑比其他地方拥有更多的证据，它往往装饰得十分华丽。偶尔会有一个通往上层的外部楼梯，可以假设上层是一个独立的“平台”。在“剧院街”和其他地方建有面朝街道开放的且与他们所建的房屋没有联系的房屋，这些就是商店。

在得洛斯还是一个大型商业中心的时候，得洛斯的房子大多居住着不少富有的商人。沿着码头排列着类似规划的建筑物，在一个有圆柱的庭院周围设有房间，这些房间被认为是仓库。希腊的基本住宅类型可以很容易地适应不同的用途，并被作为客栈、工厂或学校使用。

得洛斯又提供了一些有趣且更进一步的证据。碑文中提到了农场建筑，并列出了它们的构成要素。这里有各种各样的房间和牛棚，因为“通往庭院的门”这个说法被反复提及，很显

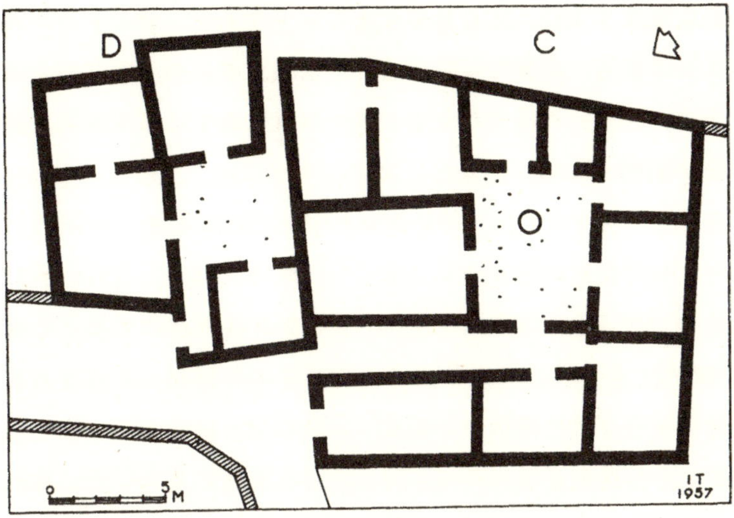

图 38 雅典石山最高法院（Areopagus）以西的公元前 5 世纪房屋。

然是围绕着庭院而建的。房屋也可以包含车间和工厂。在雅典的广场西侧发现了一些简陋的房屋遗迹，陶工和铜匠在那里从事他们的工作。利西阿斯（Lysias，雅典雄辩家）拥有一个武器工厂，让我们得以看到了一个更大的建筑。他描述了当 30 人来到他家时，一些人在他招待客人时逮捕了他，而另一些人则在车间里抓走了奴隶。

在我们对希腊房屋的形式已经做出的概括之外，再对其进行任何进一步的概括都是证据不足的。证据显然也还只是些碎片。而奥林索斯表明，来自一个新遗址的材料可能会让人们修正原有的理论和改变先入为主的观念。当尚未获得任何特殊的平面图时，人们只能重复地叙述希腊房屋是围绕着一个内部的庭院建造的，站在庭院中往里看，它的主体是朝向南方的。这种规划可能会有无穷的变化。房间的布置通常是非正式的，没有严格的对称性。

门厅的前庭、简单的帕斯塔和带有列柱围廊的帕斯塔被认为是不同类型的区分标志，但它们之间的区别并不是真正最根本的，就像所有这些类型和我们现在在西北欧居住的房子之间的区别一样。已知的希腊各种房屋变体的起源和相互间的关系是难解的，而且我认为，就我们目前的研究目的而言，它也并非一个有益的课题。有人认为，带有前院的中央大厅——希腊房屋在普里埃内的变体——是最初的类型。而那些埃及的或来自东方的外来影响，都倾向于淘汰中央大厅，并以列柱围廊取而代之。但这并不能说明中央大厅曾被淘汰，也不能说明它曾经主导过希腊的房屋建筑。无论如何，它的废弃是很自然的一步。对传统的希腊房屋来说，中央大厅并非必不可少的。毋庸置疑，我们所知道的所有类型都是在希腊的土地上而不是通过外来的输入成长起来的。特别以列柱围廊为例，它相对于希腊来说有些外来的性质。真正的希腊房屋允许在庭院的不同侧面有几个独立的柱廊；而发现这些柱廊可以被制成一个完整的而规则的正方形这点并不会超出希腊建筑师们创造力的范围。还有矩形规划，正如我们在广场的范例中所见到的，倾向于将柱廊组合成矩形的方案。

第八章

喷泉建筑

喷泉房（fountain houses），既是公共纪念性建筑，又是家庭生活的必需品，在任何关于希腊城市的建筑设计方案中都应占有一席之地。如果要我用一个简短的附录来总结它们，这不仅仅是因为我致力研究帕萨尼亚斯的清单。它们是非常重要的，并且受到了特殊照顾。首先，古代作家经常把它们列入一座城市那引人入胜的特征和装饰之中。帕萨尼亚斯除了把它们添加到他的基本元素列表中之外，还对喷泉的建筑形式、喷泉的水量以及水质有着浓厚的兴趣。其次，它们特别好地展现了希腊建筑的严格约束，以及建筑师们在追求美的同时牢牢地把握住了实用性和功能性的方式。喷泉很自然地能够激发艺术想象力。在其他时代，艺术家们在为喷泉设计建筑和雕塑时，常常让自己的狂想肆意妄为。对希腊人来说，情况恰恰相反。除了艺术原则之外，供水是一个严重的问题——随着城市的发展，需水量超过了原来的供水量，这是极其严重的问题。高效的政府对此有很多考量，会有地位很高的、专门的地方官被任命来管理喷泉。

希腊城镇在很大程度上依赖于邻近地区的水资源，或者说是城墙内的水资源。通过引水渠从或近或远的山区带来丰富的供水会有严重的弊端。这不完全是因为技术上的不足。在希腊和罗马时代之前，就有相当多的、具有很高的技术水平的水渠被建造出来。当然，这些水渠并不是那些横跨在乡间的拱门上的巨大纪念性建筑，而主要是地下管道，出于安全考虑，坚固的陶土管道被隐藏在或安装在岩石切割或砖石砌成的通道里。希罗多德（Herodotus）认为尤帕利努斯（Eupalinus）在萨摩斯岛开辟的地下通道是一项伟大的工程壮举。在雅典，僭主们建造了一个水渠给城市供水。公元前 5 世纪末，梅顿（Meton）在比雷埃夫斯（Peiraeus）建造了一个引水渠。人们在奥林索斯发现了一个非常精致的范本，它的设计初衷是将水从北边几英里外的山上引入城市的喷泉，并展示希腊人的工程学知识，这在希腊化时代之前很少被认为会出自希腊人之手。它所涉及的费用是建造这种大型引水渠的障碍，但最具决定性的是希腊的政治状况。这种方法意味着在大范围的区域内需要一个稳定的环境，这对于一个经常与其邻国交战并不时被围困的城市来说是不可靠的。罗马帝国所建立的条件使得许多大型引水渠的建造成为可能，而拱门的大规模使用使得其可见部分成为古代最优秀的建筑成就之一。在前罗马时代的希腊，与供水相关的建筑类型则要朴素得多，但也同样具有特色。

无论何时，希腊的水资源都是很匮乏的，此外，当情况如上所述时，还必须非常小心地利用现场的水资源。于是，人们挖了大量水井，并在岩石上挖出蓄水池来收集雨水。与公共喷泉相比，水井和蓄水池可能属于私人住宅。但它们的水质和纯度都值得怀疑。泉水和喷泉是公众关注的事物，实际上也是尊崇的对象；它们往往与宗教和传说有关，从它们的名字就可以看出这点。而且，它们还是这座城市纯净水的主要来源；使用者带上他们的水壶，从喷出泉水的地方或池子里灌满水。通常情况下，水的供应没有被输送到各家各户，尽管人们使用了大量的管道将水从水源地引至各个方便的地点。目前，我关心的不是供水和供水分配的技术细节，而是供水系统中对城市建筑有贡献的那些部分，尽管很难明确划分界线。在设计这些建筑时，建筑师们牢记一些实用目的——收集并节约用水，使其方便公众使用，且保持水的凉爽和清洁。

充足且健康卫生的水源的存在是决定村庄和城市发展的一个重要因素。一座城堡，如果要经得起长期围困，也需要有好的泉水。因此，我们在亚可洛哥林突斯山（Acrocorinthus）上找到了佩瑞涅泉（Peirene），在雅典卫城的西北坡上找到了克莱普西德拉喷泉（Klepsydra）。同样的因素在决定一个城市的哪些地点应该开发成广场、体育馆等建筑物方面有很大作用。一个重要的喷泉往往与广场紧密相连。这由其主要性质决定。然而，自然水源有时会离人造喷泉有些距离。事实上，两者有时会有不同的名字；麦西尼（Messene）的阿尔西诺伊（Arsinoe）喷泉是由一个叫克莱普西德拉的泉水注入的（帕萨尼亚斯）。喷泉出现在各种各样的地方：在街道上，在神社里，以及隐藏在奇怪的角落里——例如，雅典的迪普利翁门（Dipylon）喷泉就建在大门的一个角落。如前所述，古希腊的广场通常有一个喷泉（或多个喷泉），这一事实使人们倾向于相信雅典的恩内克罗特莫斯（Enneakrotmos）喷泉就在广场之内或附近，而不是在城市东南部，关于这一“臭名昭著”的雅典地形问题的其他争论是均衡的。这些广场喷泉不是装饰性的中心部件，而是为了方便人们使用而设计的。

荷马说，“一股明亮的泉水从山洞下面流过，周围长满了白杨树”（《奥德赛》），描述了一个在自然状态下的喷泉。最简单的人工处理包括对现有的岩石进行修整。如同其他类型的建筑，希腊人让大自然为他们建造，而人们自己只是简单地修改了它的作品，完成工作。岩石表面可以凿成光滑的表面，并挖出可以从中取水的凹槽，还可以将其挖成长长的蓄水池，有时会有几个水池平行，充当水库。当泉水房建在岩石平台或斜坡上时，这就是最合适的方案。当水在一个凹陷处涌出时，就可以凿出台阶使之通往一个盆地。有时，泉水位于洞穴或石窟中，这样可以很容易地将其改造为水井房。一些泉水房，包括一些重要的古代范例，主要是由岩石劈砍出来的；可能在它们的最初的建筑形式中，几乎没有任何附加的建筑装饰，但有时很难确定，因为后来有了更复杂的重建。在科林斯的格劳克（Glauke）是凿岩泉水房的一个很好的例子。可能佩瑞涅泉（下城）也是采用的这种早期喷泉建筑形式。

后来两者都获得了越来越漂亮的柱形外墙。由僭主特阿真尼（Theagenes，公元前 7 世纪晚期）在墨伽拉建造的，用许多圆柱装饰的泉水房（帕萨尼亚斯），尽管总体规划相似（即前面有狭窄的引水槽，后面有长长的平行蓄水池），但大部分是用砖石所建造的，而且蓄水池的屋顶由柱子支撑。

特阿真尼的建筑表明，即使在早期时代，也有精心建造的泉水房。公元前 7 世纪末和前 6 世纪，这些泉水房深得僭主们的喜欢。科林斯的佩瑞涅泉和格劳克通常被认为是佩里安德（Periander）的作品。修昔底德描述了雅典的僭主是如何把卡利洛厄（Kallirrhoe，希腊神话中的河川神女）的泉水变成了泉水屋恩纳克鲁诺斯（Enneakrounos）的喷泉的。其名字的变化是有意义的。“卡利洛厄”（公平的流动）适用于自然状态下的源头，修昔底德说泉水最初是可见的；“恩纳克鲁诺斯”（九口之泉）说的是一种更多的人工处理。

增加柱形门廊是一种自然的、早期的发展。它赋予了城市喷泉尊严，并与其他公共建筑保持一致性。“泉水从洞底流出”，即使岩石经过艰辛的切割和塑造，在复杂的环境中也是不合适的。但是，圆柱形的门廊不仅是一个门面或饰物，它还起到了保护水和保持水的纯净的作用，并为前来取水的人提供阴凉和庇护，而且它并没有掩盖喷泉的本质。很少有像在离雅典卫城（6世纪初）不远的特洛伊罗斯（Troilus）山上那样，将喷泉用围墙圈起封闭的情况。

古希腊的瓶饰画通常表现的是泉水房，在公元前6世纪尤为突出，它表明许多复杂变化的形式从早期开始就已经并存了。画家们有他们自己的速记或印象主义的方法来表现事物，在将他们的画转化为三维建筑形式时需要谨慎。但很明显，泉水房主要是小型的柱状建筑物，其中有前柱式和后柱式。水从后墙（即前壁的盆或蓄水池）的喷水口流出，有时也从侧墙流出。有时喷水口高到足以提供淋浴。自然而然地，花瓶画家会画上喷水口往外喷水的场景，因为这会使画面更加清晰生动。在一些真正的喷泉中，水是通过将水罐从栏杆上浸入水池中获得的，或者两种方法都可以使用。

米勒特（*Milet*）给出了一系列可能的平面图方案，其中大部分在实际的喷泉房里都能找到。邓克利（Dunkley）小姐认为，那些在一堵墙的两面都有喷水口的方案在真实的喷泉中并不存在，而是由艺术家们为了呈现出一种对称美而发明的（她还认为，那些看似带有喷口的实心柱子，实际上是蓄水池外壁的传统表现）。

在花瓶画中，建筑细节是简略而模糊的。地板由一个或几个台阶组成，柱子通常很细长，这可能仅仅是一种艺术惯例；但也许这一点和其他细节表明，当石头在神庙建筑中的使用成

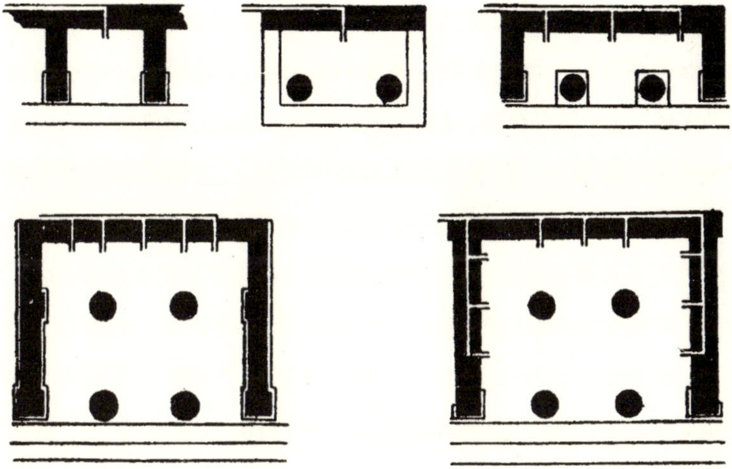

图 39　典型泉水房的平面图。

为常态之后，木材就被用于像这样的小型建筑之上了。对廊柱处理方式上的变化也可能表明建造者允许自己拥有比大型建筑工程更多的自由，因为在大型建筑工程中，秩序的惯例一经确立，就会得到严格的保护。花瓶上的喷泉房很少有山墙，但这可能意味着艺术家们通常就止步于此了。

较为罕见的下沉盆式喷泉也得到了建筑装饰的美化。石阶和护墙都是用砖石砌筑的。在得洛斯的一个喷泉里发现了一个被精心设计的版本，可能被称为米诺（Minoe）。石阶通向一个正方形的水池。整个建筑被前面的柱廊和后面的墙以及两侧大部分的围墙所包围和覆盖。台阶中间的一根柱子为一个可能是金字塔形的屋顶提供了中心支撑。这些柱子最初可能是木制的，后来被石头所取代；其最初修建的时间可能是在公元前 5 世纪末。

最近，人们对位于雅典卫城西北坡的历史悠久的克莱普西德拉喷泉进行了充分的调查研究。那里的泉水从一条深深的裂缝里涌出，证据显示其自遥远的史前时代就开始被使用了，但直到波斯战争结束后不久（公元前 5 世纪），人们才在此建造了人工的泉水房。一个长方形的深水池，由砖石砌筑得大小正合适，像盒子一样嵌入裂缝中。西北角的台阶通向一个铺好的平台，这个平台从西面和北面将水池包围起来。使用者走到这个平台上，将他们的容器越过栏杆置入水中。公元 1 世纪，屋顶的原生岩石崩塌了，一段时间后，人们在废墟上建造了一座可环绕的柄轴的井房，完全掩盖了旧的泉水房。奇怪的是，直

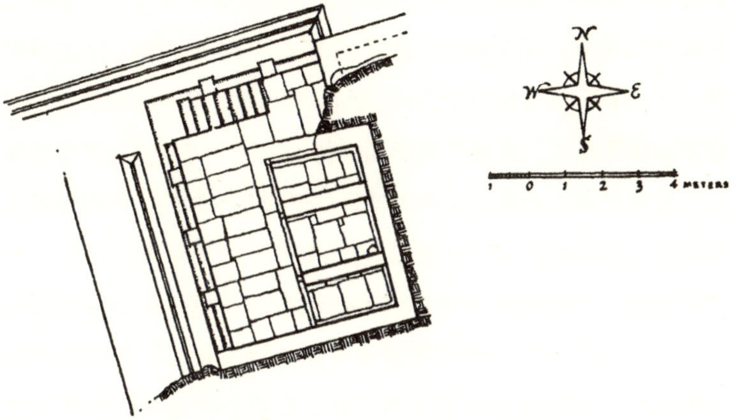

图 40　克莱普西德拉喷泉，雅典。

到这次重建之后（即公元 2 世纪），克莱普西德拉才从卫城的顶部直接进入，它的使用使得守备部队的供水得到了保障。在此之前，守卫者们不得不在很大程度上依靠大量在不同时期建造的蓄水池。

要对希腊的泉水房进行精确分类的话是不可能的。因为它们与类型属性不相吻合，并且有许多特殊的样本。但从公元 4 世纪中叶起，一种特殊的类型成为常态并确立了自己的地位。在这种类型中，前面有一个带护墙的长方形引水池，后面可能有一个蓄水池。立柱或平台被安置在护墙壁上，或嵌入其中，用来支撑屋顶，前面还有石柱廊。

这种类型一直延续到希腊化时代和罗马时代。罗德岛的拉里索斯（lalysos）有一个建于公元 4 世纪保存完好的范本；在西锡安的一个体育馆里有两个属于公元 4 世纪末的简单范本。

希腊的喷泉几乎没有新颖奇特的装饰。除了正常的建筑形式外，装饰几乎只局限于喷水口处。当然，喷泉附近经常会有雕像，特别是相应的神像，而且这些雕像总是与它们的建筑环境有关。喷水口被安置在水池的前壁上，方便使用者将水罐注满（有时可以在上面设置台阶），在后壁上也有出水口，从蓄水池和后面的水源出水。到目前为止，最常见的喷水口形式是狮子头；事实上，其他喷水口可能仅仅被视为例外。一些普通的管状喷水口被发现，有一些是其他动物的头部或前肢，甚至还有一两只完整的狮子。但狮子的头像，有时是铜制的，但更多的是石制的。狮子散开的鬃毛为其牢固的附着提供了宽阔的底座，被公认为是最合适的。显然，艺术家在设计出水口方面有很大的巧思空间，而且在某些年代，他们也充分利用了这一点。例如，在萨摩斯的狮子头喷水口上，一位幽默的雕刻家在上面雕刻了一只小青蛙，时不时有一点花哨。

从喷水口和水池里流出的多余的水有时会被重新收集到喷泉前面的一个更开阔的水池里，直到最后才被允许流走。因为好的泉水太珍贵了，不能轻易浪费。有时溢出的水会通过渠道流到合适的地方。这条水流有时也会为下游的另一个喷泉提供水源。

这些希腊喷泉建筑的形式——简单、庄严和内敛，基于泉水的自然特征和使用者的便利——可以与罗马帝国时期希腊建造的华丽而乏味的建筑形成对比。米利都的水神庙（Nymphaeum）就是一个很好的例子。建筑的基本要素仍然是一样的，水是通过一条引水渠运到现场的，后面有蓄水池，前面有大的敞口水池，但所有这一切都成为展示大量建筑的装饰。巨大的圆柱形外立面，有三层楼高，沿着墙的背面和侧面包围了主水池（早期的希腊式泉水房从未有过几层楼高的）。水池上方甚至没有顶盖和保护，但这并不重要，因为它只是装饰方案的一部分。在外墙上的壁龛里，有数不清的神祇、仙女的塑像和人类的肖像。希腊喷泉的各项元素仍然存在，但可悲的是，它的精髓却已改变了。

图书在版编目（CIP）数据

希腊人如何建造城市 /（英）R. E. 威彻利著；刘磊，刘佳译．
—北京：中国工人出版社，2021.6
ISBN 978-7-5008-7675-5

Ⅰ．①希… Ⅱ．① R… ②刘… ③刘… Ⅲ．①城市史—研究—古希腊
Ⅳ．① K125

中国版本图书馆 CIP 数据核字（2021）第 118233 号

First published in English under the title
How the Greeks Built Cities
by R.E. Wycherley, edition: 1

著作权合同登记号：01-2020-0937

希腊人如何建造城市

出 版 人	王娇萍
责任编辑	邢　璐　金　伟
责任印制	栾征宇
出版发行	中国工人出版社
地　　址	北京市东城区鼓楼外大街 45 号　邮编：100120
网　　址	http://www.wp-china.com
电　　话	（010）62005043（总编室）（010）62005039（印制管理中心） （010）62004005（万川文化项目组）
发行热线	（010）62005996　82029051
经　　销	各地书店
印　　制	北京盛通印刷股份有限公司
开　　本	880 毫米 ×1230 毫米　1/32
印　　张	7.375
字　　数	150 千字
版　　次	2021 年 7 月第 1 版　2021 年 7 月第 1 次印刷
定　　价	48.00 元

本书如有破损、缺页、装订错误，请与本社印制管理中心联系更换